Daniel Wilhelmi

Emerging Markets

TITEL DER SIMPLIFIED-BUCHREIHE

Matthias von Arnim
Erfolgreich mit Aktien – simplified

Lawrence A. Cunningham
Value Investing – simplified

Pierre M. Daeubner
Alles was Sie über Technische Analyse wissen müssen – simplified

Ed Downs
Die besten Chartmuster – simplified

Christian Eck/Marcel Langer/Matthias Riechert
Eurex – simplified

Horst Fugger
Börsen-Lexikon – simplified

Horst Fugger
Derivate-Lexikon – simplified

Markus Gunter
Erfolgreich mit Investmentfonds – simplified

Markus Jordan
Anleihen – simplified

Markus Jordan
Zertifikate – simplified

Jay Kaeppel
Die 4 größten Fehler beim Handel mit Optionen – simplified

Dennis Metz
Devisenhandel – simplified

John J. Murphy
Charttechnik leicht gemacht – simplified

Oliver Paesler
Technische Indikatoren – simplified

Melvin Pasternak
Die 21 wichtigsten Candlestick-Formationen – simplified

Georg Pröbstl
Die besten Dividendenstrategien – simplified

Michael Proffe
Die besten Trendfolgestrategien – simplified

Udo Rettberg
Rohstoffe – simplified

Stefan Riße
CFDs – simplified

Christian Schiffmacher
REITS – simplified

Holger Scholze
Hebelprodukte – simplified

Antonio Sommese
Die richtige Finanzplanung – simplified

Daniel Wilhelmi
Emerging Markets – simplified

Daniel Wilhelmi

EMERGING MARKETS

Von den aufstrebenden Märkten profitieren

FinanzBuch Verlag

simplified

Gesamtbearbeitung: Druckerei Joh. Walch
Lektorat: Dr. Renate Oettinger
Druck: Konrad Triltsch, Ochsenfurt

3., unveränderte Auflage 2007

Frundsbergstraße 23
80634 München
Tel. 089 651285-0
Fax 089 652096
info@finanzbuchverlag.de

Den Autor erreichen Sie unter:
dwilhelmi@finanzbuchverlag.de

Bibliografische Information der Deutschen Bibliothek: Die Deutsche Bibliothek verzeichnet diese Publikation in der Deutschen Nationalbibliografie; detaillierte bibliografische Daten sind im Internet über **http://dnb.ddb.de** abrufbar.

ISBN: 978-3-89879-162-5

simplified

Inhalt

simplified

DIE SIMPLIFIED-BUCHREIHE
WWW.SIMPLIFIED.DE

EINE ZUSAMMENARBEIT VON FINANZBUCH VERLAG UND INVESTOR VERLAG

Widmung

Widmung

Für meine geliebte Mutter Jutta und meine Großmutter Ruth.
Ich vergesse euch nie.

Und für Julian.
Erinnerst du dich? Als wir in der 7. Klasse nebeneinander saßen, habe ich dir versprochen, dass du eine Widmung in meinem ersten Buch kriegst. Ich habe Wort gehalten.

Danksagung

Ich möchte mich ganz herzlich bei allen bedanken, die an diesem Buch mitgearbeitet haben. Mein erster Dank gilt meinem Verleger Christian Jund, der mir die Chance gegeben hat, dieses Buch zu schreiben. Des Weiteren danke ich Hermann Heuser, Katrin Gärke und Volkmar Michler für ihre Hilfe und Anregungen. Ich danke auch meinen Biologielehrern aus meiner Schulzeit am Päda. Denn deren Unterricht hat mir gezeigt, dass mich Naturwissenschaften überhaupt nicht interessieren.

Vorwort

Die Welt ist im Wandel. Was wir in diesen Tagen erleben, sind die ersten Zeichen einer neuen Zeitrechnung. Die Industriemächte des letzten Jahrhunderts, wie England, die USA oder Deutschland, stehen vor der Wachablösung. Der Wechsel hat bereits begonnen. Die Geschichte hat uns gelehrt, dass alles seine Zeit hat. Das römische Reich, das deutsche Kaiserreich, die kommunistische UdSSR oder der BVB Borussia Dortmund – sie alle vereint ein Abstieg, den sich zur damaligen Zeit niemand vorstellen konnte und der doch unaufhaltsam war.

Gleichzeitig erheben sich jetzt neue Länder. Die Emerging Markets. Die neuen Wachstumsländer des 21. Jahrhunderts: Länder wie China, Indien oder Brasilien. Diesen Ländern gehört die Zukunft, und dieser Trend ist nicht aufzuhalten.

In Europa und den USA sehen wir uns erlahmenden Wirtschaften, alternden Gesellschaften, übersättigten Konsumenten, fehlendem Reformwillen, unzeitgemäßen Sozialsystemen und erdrückenden Schuldenbergen gegenüber. Auf der anderen Seite besitzen die Emerging Markets alles, was wahre Wirtschaftsmächte brauchen: exorbitantes Wirtschaftswachstum, stark verbesserte Staatshaushalte, boomende Exportgeschäfte und einen geringen Konsumbesitz der Bürger. Anders als in den etablierten Industriestaaten weist die Bevölkerung der Emerging Markets ein sehr niedriges Alter auf. Diese kommenden Generationen der Emerging Markets sind jung, und sie sind hungrig. Hungrig nach Konsumgütern. Und erstmals erhalten immer mehr Menschen der jungen Generation eine Ausbildung und Einkommen, das es ihnen ermöglichen wird, Autos, Handys und Computer zu kaufen. Die Zukunft liegt in den Emerging Markets.

Damit ist klar: Die Musik wird in den kommenden Jahrzehnten nicht mehr in Frankfurt, New York oder London spielen, sondern an den Börsen in Hongkong, Buenos Aires oder Budapest.

In keinem Marktsegment der Welt gibt es so viele unterbewertete Value-Perlen für konservative Investoren, die nur auf ihre Entdeckung warten. Gleichzeitig finden sich für spekulative Anleger nirgendwo so viele »Tenbagger«-Aktien mit Kurspotenzialen von 1.000 % Gewinn wie in den Emerging Markets. Wer in den kommenden Jahren in den Emerging Markets richtig investiert, der wird Geld verdienen. Und zwar sehr viel Geld.

Aber das Wichtigste ist: Es gab noch nie ein besseres Umfeld, um in Emerging Markets anzulegen. Noch nie gab es so viele börsennotierte Emerging-Markets-Unternehmen. Noch nie konnten internationale Anleger in so vielen Ländern rund um den Globus investieren. Noch nie war es für Privatanleger möglich, dank des Internets und der Informationsgesellschaft, so schnell so viele fundierte Informationen über Firmen am anderen Ende der Erde zu erhalten. Und nie haben Emerging-Markets-Unternehmen und die dortigen Börsen einen größeren Wert auf »Corporate Governance« und aktionärsfreundliches Verhalten gelegt (wobei es hier immer noch deutlichen Spielraum nach oben gibt). Denn die Regierungen und Unternehmen der Emerging Markets haben aus den vergangenen Krisen gelernt. Sie haben erkannt, dass sie internationales Kapital für ihren Aufstieg brauchen, und zeigen sich immer aktionärsfreundlicher.

Doch es gibt auch jede Menge Risiken und Besonderheiten, die Emerging-Markets-Anleger unbedingt kennen müssen. Nur wenn Sie sich ausführlich mit dem Thema »Emerging Markets« beschäftigen, werden Sie eine Chance auf die großen Gewinne haben. Dieses Buch ist speziell für Anfänger geschrieben, die gerade beginnen, sich mit der komplizierten und vielschichtigen Materie der Emerging Markets zu beschäftigen. Dieses Buch soll Ihnen also die Tür in die Welt der Emerging Markets öffnen. Als Einführungsbuch kann es jedoch nicht alle Informationen und Fakten in der zweifellos nötigen Detailtiefe bieten.

Gleichzeitig ist es mein Ziel, Ihnen mit diesem Buch durchaus konkrete Tipps und Informationen zu geben, wie Sie richtig in Emerging Markets investieren. Nach dieser Lektüre werden Sie sowohl ein Basis-Know-how über Emerging Markets als auch konkretes Wissen über den richtigen Aufbau eines Depots haben. Ich hoffe, dass Ihnen dieses Buch als Fundament für das weitere Studium der Anlagechancen in den aussichtsreichsten Börsen der nächsten Jahrzehnte dienen wird.

Ich habe versucht, diese Lektüre verständlich und locker zu schreiben, damit Sie Spaß am Lesen haben. Die Börse kann schon dröge genug sein (wälzen Sie sich mal durch einen 150-Seiten-Geschäftsbericht, und Sie wissen, was ich meine). Da brauchen Sie nicht noch ein staubtrockenes Buch, dessen Lektüre echte Überwindung kostet. Mein Ziel war es, ein Buch zu schreiben, bei dem Sie zwischendurch auch mal ein wenig schmunzeln oder lachen, denn das passiert im knallharten Börsengeschäft viel zu selten. Wenn Sie also abends sagen: »Heute hab ich richtig Lust, das Emerging-Markets-Buch vom Wilhelmi zu lesen«, und am nächsten Morgen aufwachen und wissen, was eine ADR-Aktie ist, dann habe ich mein Ziel erreicht.

Ich wünsche Ihnen viel Spaß bei diesem Buch und freue mich über Anregung, Lob und Kritik (ach was rede ich, lassen Sie die Kritik weg, wer will die schon hören ...).

Have a successful day,
Ihr
Daniel Wilhelmi

simplified

1 Emerging Markets sind die Anlage von morgen

Wenn Sie sich noch nicht mit Emerging Markets auseinander gesetzt haben, dann kann ich nur sagen: Jetzt wird es allerhöchste Zeit. Es ist 5 vor 12. Und die Uhr tickt. Denn wenn Sie an den Börsen überdurchschnittliche Gewinne machen wollen, dann kommen Sie an den Emerging Markets nicht vorbei. Denn die Zeit der alten Industriemächte wie Deutschland, Frankreich und sogar der USA ist abgelaufen. Jetzt beginnt die Zeit der Emerging Markets. Der Aufschwung wird nicht erst noch kommen. Der Aufschwung ist schon da. Er läuft bereits.

Hier wird in den kommenden Jahren das große Geld verdient.

Was sind Emerging Markets?

Aber was sind Emerging Markets eigentlich? Der Begriff »Emerging Markets« kommt aus dem Englischen und heißt übersetzt »aufstrebende Märkte«. Diese Übersetzung trifft den Sachverhalt hervorragend: Es handelt sich um unterentwickelte, aber aufstrebende Länder, die sich auf dem wirtschaftlichen Weg zu einer Industrienation befinden. Diese Länder vollziehen also gerade den Industrialisierungsprozess, den Deutschland im 19. Jahrhundert durchlebte.

Das Problem ist, dass der Einheitsbegriff »Emerging Market« bei Investoren immer wieder zu großen Missverständnissen führt. Dafür müssen Sie wissen, dass der Ausdruck »Emerging Markets« nicht aus der Wirtschaftslehre stammt.

Er kommt vielmehr aus der Politik, bezieht sich aber auf den wirtschaftlichen Entwicklungsstand eines Landes und nicht etwa auf die gesellschaftliche oder politische Situation. Bei der International Finance Corporation (IFC), einer Tochter der Weltbank, entschied 1981 jemand, der offensichtlich mal wieder besonders viel Arbeit auf dem Tisch hatte, dass der etablierte Ausdruck »Entwicklungsland« zu negativ behaftet sei. Wie in der Politik üblich, sollten die Entwicklungsländer, in Englisch bis dahin »less-developed countries« genannt, nun positiv umbenannt werden. Das war die Geburtsstunde des Begriffes »Emerging Markets«. Laut der Weltbank wird ein Land als Emerging Market definiert, dessen Bruttoinlandsprodukt (BIP) pro Kopf unter 10.066 US-Dollar (USD) liegt. Fragen Sie mich nicht, woher genau diese Summe kommt. Da hat wohl wieder ein Erbsenzähler mit ganz spitzem Bleistift gerechnet.

Dabei haben viele Privatanleger ein falsches Bild bei der Einteilung der Welt in Industriestaaten und »Emerging Markets«. Sehen Sie, es gibt auf der Welt nur sehr wenige Industriestaaten. Das sind die USA, Kanada, Australien, Japan, Westeuropa und Neuseeland mit seinen sieben Einwohnern und 25.000 Schafen. Und das war es. Auch wenn es einem hier in Deutschland eigentlich nicht so vorkommt, da wir von Industriestaaten umgeben sind. Gut, wenn ich mir die Autobahnen in Belgien so angucke, sollte ich diese Aussage noch einmal überdenken. Aber der Punkt ist: Der Großteil der Welt besteht aus »Emerging Markets«. So gibt es heute über 120 »Emerging Markts«, von denen aber nur ca. 40 bis 50 über geeignete Kapitalmärkte für internationale Investoren verfügen.

Denn nicht alle Emerging Markets sind gleich, wie es die einheitliche Definition fälschlicherweise suggeriert, und befinden sich auf der gleichen Entwicklungsstufe der Industrialisierung. Zu noch mehr Verwirrung führt dabei der deutsche Gegenbegriff zu Emerging Markets, nämlich der Ausdruck »Schwellenländer«. Dieser Ausdruck verzerrt die tatsächliche Lage völlig. Denn »Schwellenland« suggeriert ja, dass sich dieses Land auf der »Schwelle« zur Industrienation und damit zur Ersten Welt befindet. Tatsächlich sind aber in Wirklichkeit nur sehr wenige Emerging Markets, wie beispielsweise Südkorea, echte »Schwellenländer« im Sinne der eigentlichen Wortbedeutung. Der Löwenanteil der Emerging-Markets-Länder durchläuft vielmehr Entwicklungsstadien weit vor der Stufe eines »Schwellenlandes«. Emerging Market ist eben nicht gleich Emerging Market.

Als letzte Emerging Markets schafften es übrigens Portugal (1999) und Griechenland (2001), diese Schwelle zu überspringen. Aber schon in wenigen Jahrzehnten werden weitere Emerging Marktes in die Reihe der Industriestaaten aufsteigen.

Deshalb ist es so wichtig, dass Sie sich schon heute mit Emerging Markets befassen. Denn der Aufschwung ist nicht mehr aufzuhalten.

Eine neue Weltordnung entsteht

In 2004 ist die Weltwirtschaft um beeindruckende 5 % gewachsen. So stark wie seit gut 30 Jahren nicht mehr. Aber das Wachstum der alten Zugpferde, wie Deutschland, lag deutlich darunter. In 2004 betrug das deutsche Wirtschaftswachstum gerade einmal mickrige 1,6 %. England kam auf 3,2 %, Frankreich auf 2,1 % und Japan auf 2,6 %. Die USA, im vergangenen Jahrhundert die Lokomotive der Weltwirtschaft, steuerte immerhin 4,2 % bei. Aber auch das liegt unter den 5 %. Wie ist also ein solches Weltwirtschaftswachstum möglich, wenn alle großen Industrienationen deutlich langsamer gewachsen sind?

Es war möglich, weil neue, aufstrebende Nationen mit ihren überdurchschnittlichen Wachstumsraten die gesamte Weltwirtschaft belebten. So wuchsen China um sagenhafte 9,5 %, Indien um 6,9 % und Russland um 7,2 %. Den Emerging Markets ist es also zu verdanken, dass 2004 als eines der weltwirtschaftlich erfolgreichsten Jahre in die Geschichte eingehen wird. In diesen Ländern finden sich die wahren Wirtschaftsmächte des 21. Jahrhunderts.

Schauen Sie sich die reale Lage der bisherigen wirtschaftlichen Weltmächte USA und Europa mit dem Flaggschiff Deutschland doch ganz sachlich an. Starten wir mit Europa. Jeder, der die innereuropäische Politik der Teilnehmerländer ohne Emotionen verfolgt, sieht doch klar wie durch Fensterglas: Hier existiert keine europäische Einheit. Hier ist doch jedes Land nur auf die Wahrung seiner eigenen Interessen aus. Im Januar 2005 publizierte der amerikanische Geheimdienst CIA eine Studie namens »Mapping the global Future«. In dieser Prognose über die Entwicklung der internationalen Politik in den nächsten 15 Jahren geht der CIA davon aus, dass die EU aufgrund der gegensätzlichen Länderinteressen, der ständigen Erweiterung um neue Mitgliedsstaaten und des schleppenden Wirtschaftswachstums keine politische oder wirtschaftliche Supermacht sein wird, sondern im Gegenteil in die zweite Reihe der Weltmächte abrutscht.

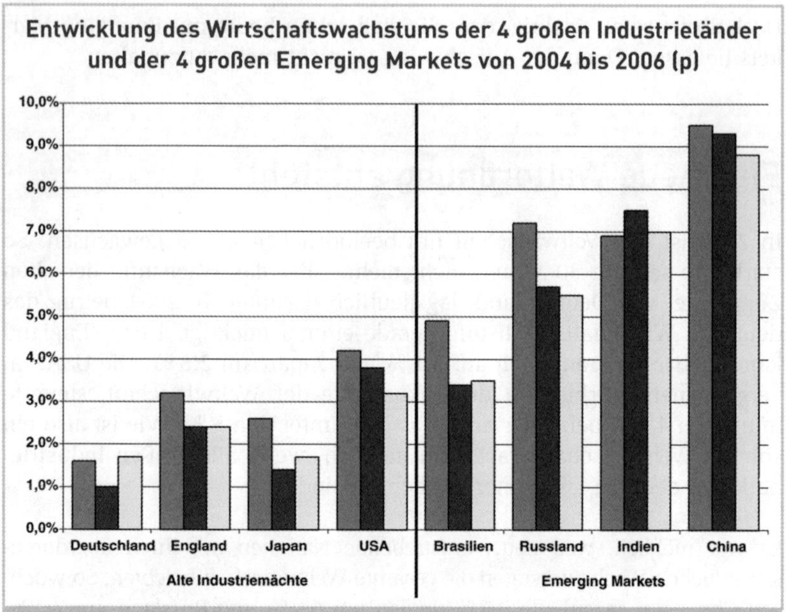

Quellen: Deutsche Bank Research, Allianz/Dresdner Bank Research, Goldman Sachs Research, eigenes Research

Abbildung 1 Ein Bild sagt mehr als 1.000 Worte. Wie Sie sehen, findet das wahre Wirtschaftswachstum in den Emerging Markets statt. Nur in den Märkten von morgen werden wir in den kommenden Jahren überdurchschnittliche Wachstumsraten erleben. Der graue Balken steht für 2004, der schwarze Balken für 2005(p) und der weiße Balken für 2006(p).

Die dreisten Griechen und ihr Betrug mit gefälschten Wirtschaftsdaten sind doch nur die Spitze des Eisbergs. Bis vielleicht auf Luxemburg hält sich doch kein Land mehr an die Maastrichter Kriterien. So, jetzt werde ich wahrscheinlich von 15 EU-Staaten gleichzeitig verklagt, aber das ist meine Meinung. Die kommende Erweiterung um neue Beitrittsländer wie die umstrittene Türkei, Rumänien und Bulgarien, die klassische Nettoempfänger sein werden, verschärft die Probleme noch weiter.

Das wird die Last auf das Rückgrat der EU noch einmal erhöhen. Und dieses Rückgrat ist Deutschland, der größte Nettozahler der Europäischen Union. Ohne die deutsche Wirtschaft und unsere Steuergelder kann die EU ihren Laden doch sofort dicht machen. So sieht es nämlich aus. Aber Deutschland ertrinkt in Problemen. Die kümmerlichen Wachstumsraten der ehemals so glanzvollen deutschen Wirtschaft kommen ja nicht von ungefähr. Die Zementmischung aus überhöhten Lohnkosten, viel zu hohen Sozialleistungen, einer erdrückenden Bürokratie, einer überalternden Gesellschaft und einer traditionell einflussreichen, aber wirtschaftsfeindlichen Links-Politik betonieren jeden Neuanfang ein.

Das Modell der sozialen Marktwirtschaft mit ihren luxuriösen Sozialleistungen und im internationalen Vergleich ultrahohen Lohnnebenkosten ist nicht mehr zu halten. Denn es entspricht nicht mehr den weltwirtschaftlichen Realitäten. Aber die notwendigen radikalen Reformen sind für jeden Berufspolitiker schlichtweg Selbstmord. Deshalb wird es in Deutschland keine gra-

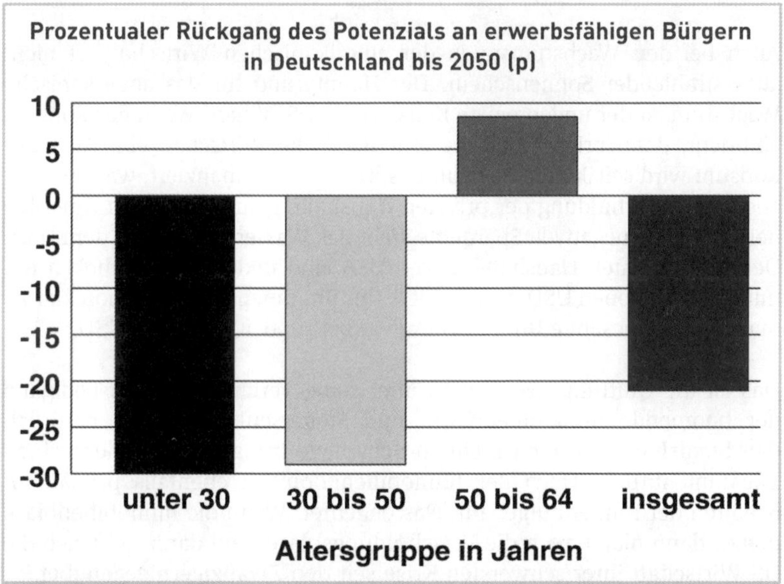

Quelle: Deutsche Bank Research

Abbildung 2 Deutschland gehen die Arbeitskräfte aus. Das Potenzial an Erwerbspersonen bis 50 Jahre wird bis 2050 um knapp 30 % sinken. Zudem besitzt unser Land mit einem Durchschnittswert von 1,34 Kindern die niedrigste Geburtenrate in Europa. Sie machen die Mathematik: Wo soll das langfristige Wirtschaftswachstum herkommen, wenn in Deutschland die Zahl der Menschen im arbeitsfähigen Alter in den kommenden Jahrzehnten immer weiter abnimmt?

vierenden Reformen geben, sondern nur unwesentliche Veränderungen, die gerade scherzhaft genug sind, um den Machteliten noch genug Wählerstimmen einzubringen. Doch das reicht nicht. Denn Sie wissen: Wer sich im globalen Wettkampf nicht bewegt, der fällt zurück.

Damit kommen wir zum amerikanischen Markt. Dazu muss ich wohl nicht mehr viel sagen. Der amtierende Präsident Bush hat es in seiner Amtszeit tatsächlich geschafft, den grundsoliden Haushalt der Clinton-Regierung in einen einzigen riesigen Schuldenkrater zu verwandeln. Über den USA lasten die Milliardenschulden des Zwillingsdefizits (die Schätzungen für 2005 liegen bei ca. minus 1,1 Billionen USD) wie dunkle Gewitterwolken. Minus 1,1 Billionen USD, das sind 1.100 Milliarden USD! Lassen Sie sich diesen Wert mal auf der Zunge zergehen.

Auch bei den Wachstumsraten der amerikanischen Wirtschaft ist nicht alles strahlender Sonnenschein. Der Hauptgrund für das amerikanische Wachstum ist der ungebremste Konsum der US-Bürger. Wenn der Konsum einbricht, dann bricht auch die amerikanische Wirtschaft ein. Aber der Konsum wird seit Jahren auf Pump, sprich Kredit, finanziert, was zu einer enormen Verschuldung der privaten Haushalte geführt hat. Den Amerikanern mit ihrer negativen Sparquote steht das Wasser schon über dem Hals. Denn die privaten Haushalte in den USA sind inklusive Hypotheken mit minus 8,4 Billionen USD verschuldet! Nur um Ihnen die Dimension klar zu machen: Das gesamte BIP der USA liegt bei rund 10 Billionen USD.

Das ist die Quittung, wenn man über seine Verhältnisse lebt. Lediglich der boomende Immobilienmarkt und Steuersenkungen, die natürlich den Staatshaushalt noch mehr in Schieflage bringen, verhindern einen Zusammenbruch. Doch der Immobilienboom ist ebenfalls primär auf Krediten der Bürger aufgebaut. Das bedeutet: Wenn die Immobilienblase platzt, dann platzt auch die Verschuldungsblase, und dann sieht sich die US-Wirtschaft ihrer schwersten Krise seit den Zwanzigern gegenüber.

Die alten Industriemächte befinden sich also auf einem unaufhaltsam absteigenden Ast. Ganz im Gegensatz zu den aufsteigenden Emerging Markets. Es hat ja einen Grund, warum die USA jeden Monat 3.600 Arbeitsplätze nach China verlagern. Die neuen Mächte von morgen bieten alle Grundvoraussetzungen für eine nachhaltige und jahrelang anhaltende Hausse-phase: hohes Wirtschaftswachstum, eine steigende Binnennachfrage, eine junge Bevölkerung, steigende Ausbildungs- und Einkommensniveaus, stabilisierende Währungen, marktwirtschaftliche Reformen und sich stark verbessernde Staatshaushalte. Dazu hat sich bei den politischen Eliten der Emerging Markets seit den schweren Krisen der Neunziger eine Wirtschaftspolitik der Stabilisierung und Kontinuität durchgesetzt. So werden die ausländischen Direktinvestitionen immer mehr dazu eingesetzt, die Auslandsschulden zu reduzieren und die eigenen Devisenreserven zu stärken.

Nach einer Studie der Weltbank wird sich die Bevölkerungsstruktur so verschieben, dass im Jahr 2050 von den 15 bevölkerungsreichsten Ländern der Erde 14 aus Emerging Markets stammen! Lediglich die USA werden als einziger Vertreter der alten Wirtschaftsmächte noch auf dieser Liste zu finden sein. Kein Deutschland, kein Japan, kein Frankreich. Stattdessen werden die neuen Namen Ägypten, Mexiko oder Vietnam heißen. Bedenken Sie: Schon jetzt vereinen die Länder Brasilien, China, Indien und Russland, kurz die BRIC-Staaten genannt, sage und schreibe 42 % der gesamten Weltbevölkerung zwischen 15 und 64 Jahren in sich!

Die renommierte Investmentbank Goldman Sachs prognostiziert, dass es nur noch eine Frage von Jahren ist, bis die großen Emerging Markets der BRIC-Staaten die Volkswirtschaften der heute noch herrschenden Industrienationen überrollen werden.

Hier entstehen keine neuen Industrieländer. Hier entsteht eine neue Weltordnung. Zugegeben, das klingt unglaublich. Aber schauen Sie sich die Geschichte an: Im 18 Jahrhundert hätte niemand gedacht, dass das britische Empire jemals zusammenbrechen würde. Und heute: Alles was von dem alten Glanz noch übrig ist, ist eine Insel voller Teetrinker, die einen Kronprinzen mit Ohren wie Dumbo anbeten und seit 30 Jahren tatsächlich denken, dass sie Fußball-Weltmeister werden könnten.

Ich glaube, Sie verstehen den Punkt, auf den ich hinaus will. Wer hat schon 1985 prognostiziert, dass die mächtige UdSSR einmal einfach vom Erdball verschwinden würde. Die großen historischen Veränderungen sind so gewaltig, dass sie für die meisten Menschen jenseits ihrer Vorstellungskraft liegen. Deshalb erkennen immer nur wenige zum jeweils aktuellen Zeitpunkt die bevorstehenden dramatischen Umbrüche. Doch

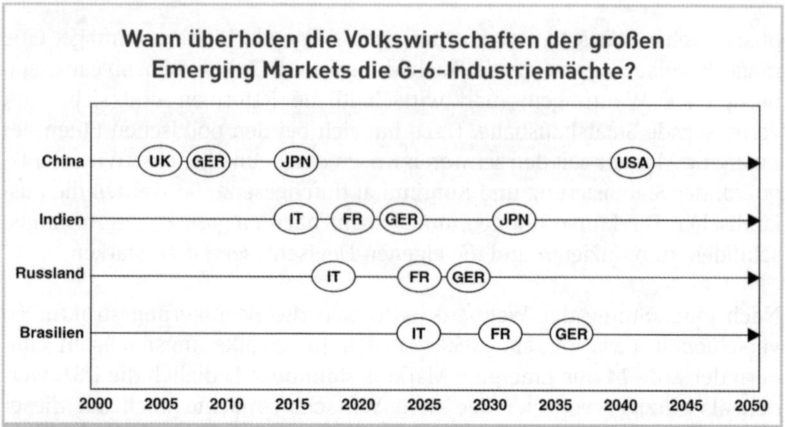

Quelle: Goldman Sachs

Abbildung 3 Bitte rechts ranfahren. Bis auf die USA haben die alten Industriemächte nichts mehr auf der linken Spur verloren. Als Erstes wird Italien überholt, gefolgt von Frankreich. Deutschland wird China noch in diesem Jahrzehnt Platz machen. Zwischen 2020 und 2025 rauscht dann Indien vorbei. Nach der Studie von Goldman Sachs werden uns Russland gegen 2028 und Brasilien gegen 2036 überrundet haben.

diese voraussehenden Leute haben dann alle Trümpfe in der Hand, um sich frühzeitig zu positionieren und von diesem Wandel zu profitieren.

Doch diese Entwicklung wird nicht irgendwann in der Zukunft stattfinden. Sie hat bereits begonnen. Wenn Sie die Nachrichten in Wirtschaft und Politik aufmerksam verfolgen, dann können Sie die Anzeichen bereits sehen. In diesem Jahr haben chinesische Unternehmen mit einer weltweiten Übernahmeoffensive begonnen. Ja, die Heuschrecken sind los. Da fällt dem SPD-Vizekanzler und professionellen Altsozi Franz Müntefering vor Schreck doch glatt das Ökomüsli aus der Hand. Aber die Heuschrecken sind keine bösen Amerikaner, sondern ausgerechnet Münteferings rotgesinnte Kollegen aus dem Reich der Mitte.

Ganz und gar nicht sozialistisch beginnen Chinas Unternehmen aggressiv damit, ihre Machtpositionen auf dem Weltmarkt auszubauen. Den ersten Warnschuss erhielten die alteingesessenen Wirtschaftsmächte im Mai 2005, als die chinesische Lenovo für 1,7 Mrd. USD die PC-Sparte von IBM übernahm und damit über Nacht zur Nummer 3 auf dem PC-Weltmarkt (hinter Dell und Hewlett-Packard) aufstieg. Es muss den Amerikanern in ihrer kapitalistischen Seele wehgetan haben, wie ein Unternehmen aus einem Emerging Market einfach knallhart ein Stück amerikanischer Wirtschaftsgeschichte aufkauft. Doch nicht nur die USA sind betroffen. So hat sich Shanghai Automotive mit 1,4 Mrd. in der britischen Rover eingekauft.

Die bisher größte Übernahme erfolgte erst Mitte August 2005, als sich die chinesischen Firmen PetroChina und CNPC das Ölunternehmen PetroKazakhstan, die immerhin 3,3 % der Öl-Weltreserven besitzen, für 4,18 Mrd. USD unter ihre neu-kapitalistischen Nägel rissen. Besonders interessant: Diese Übernahmeschlacht wurde nicht etwa gegen ein westliches Ölunternehmen geführt, sondern gegen die indische Oil&Natural Gas Company aus der nordindischen Stadt Dehradun. Ausgerechnet auf den entlegenen Ölfeldern von Kazakhstan wurde also das erste Kapitel des globalen Machtwechsels geschrieben.

Goldman Sachs rechnet damit, dass im Jahr 2050 lediglich die USA und Japan noch unter den sechs größten Volkswirtschaften der Welt zu finden sein werden. Alle anderen Plätze werden bis dahin von heutigen Emerging Markets übernommen. Ja, Sie haben richtig gelesen: Nur zwei der großen Industrienationen werden in etwas mehr als 40 Jahren noch auf den weltwirtschaftlichen Spitzenplätzen zu finden sein. Ehemals große Namen wie England, Frankreich und auch Deutschland sind dann nicht mehr dabei.

Das ist der Grund, warum Sie sich jetzt mit Emerging Markets beschäftigen müssen. Denn wenn Sie sich erst in zehn Jahren mit ihnen auseinander setzen, dann sind die leckersten Stücke des Kuchens schon unter den weitsichtigen Investoren verteilt. Für Anleger wird sich in den kommenden Jahrzehnten also eine Frage stellen: Wollen Sie mit dem alten maroden Schiff zurückfallen oder lieber rechtzeitig auf das neue Schnellboot wechseln?

Das deutsche Wirtschaftswunder wiederholt sich

Alle Anzeichen weisen darauf hin, dass einigen Emerging Markets, wohlgemerkt nicht allen, ein Wirtschaftsaufschwung bevorsteht, wie ihn Deutschland mit dem Wirtschaftswunder der Nachkriegszeit im letzten

Jahrhundert erlebte. Spätestens jetzt dürfte Ihnen klar werden, welches explosive Potenzial in der aktuellen Situation der Emerging Markets steckt. Hier haben Sie sozusagen die Chance, in ein kommendes Deutschland-vor-50-Jahren zu investieren. Denn viele der Emerging Markets befinden sich noch im Anfangsstadium des Industrialisierungsprozesses.

Anleger, die sich schon jetzt mit Emerging Markets beschäftigen, haben die Chance, sich frühzeitig an den unbekannten Börsen der aufstrebenden Wirtschaftsmächte des 21. Jahrhunderts zu positionieren. Machen Sie sich diese Möglichkeiten einmal klar: Das ist, als ob Sie mit einer Zeitmaschine zurückreisen und die Chance haben, Aktien von BMW (börsennotiert seit 1926), RWE (1922) oder der Allianz (1895) zu Preisen von 1955 zu kaufen, als es den DAX noch nicht einmal gab, sondern der Commerzbank-Index regierte. Was mit Ihrem Aktienvermögen in den kommenden Jahrzehnten passiert wäre, brauche ich Ihnen nicht zu sagen.

An den Börsen gibt es immer wiederkehrende Trading-Chancen und seltene Anlagegelegenheiten. Und dann gibt es historische Investmentchancen. In den Emerging Markets werden sich in den kommenden Jahren genau solche historischen Investmentgelegenheiten bieten. So wie es eine historische Investmentgelegenheit war, in die deutsche Wirtschaft nach dem Ende des Zweiten Weltkriegs zu investieren.

Aber das ist erst die halbe Wahrheit. Denn es kommen weitere Faktoren hinzu, die dafür sorgen werden, dass der Aufstieg in den Emerging Markets sogar schneller ablaufen wird als das Wirtschaftswunder in Deutschland. So können die Emerging Markets aus den Industrialisierungsfehlern der Erste-Welt-Länder lernen und diese vermeiden. Zudem sehen immer mehr westliche Konzerne die Chancen der Emerging Markets und beteiligen sich mit Direktinvestitionen in diesen Ländern. Damit haben die Unternehmen der Industrieländer natürlich ein eigenes Interesse, den wirtschaftlichen Erfolg der Emerging Markets mit Know-how-Transfer, modernsten Unternehmensstrategien und auch mit Managementpersonal zu beschleunigen.

Das führt dazu, dass einzelne Emerging Markets sogar ganze Entwicklungsprozesse überspringen werden und dadurch noch schneller zu einem Industrieland werden. Anstatt sich von A über B zu C zu entwickeln, springen einige Länder direkt von A nach C. Diese Entwicklung können Sie sehr gut im Telekommunikations- und Internetsektor erkennen. So bauen einige Emerging Markets ihre Telefonfestnetze gar nicht mehr aus, sondern setzen direkt auf die Mobilfunktechnologie. Ähnliches ist in der Online-Branche zu beobachten, wo vom Start weg direkt auf das schnellere DSL-Internet als auf die gähnend langsame analoge Übertragungstechnologie gesetzt wird.

Aufgrund der technischen Fortschritte und der Globalisierung wird der begonnene Wirtschaftsaufschwung der Emerging Markets deutlich schneller ablaufen als das Wirtschaftswunder im Nachkriegs-Deutschland. Seien wir ehrlich: Was würden wir nicht dafür geben, um noch ein-

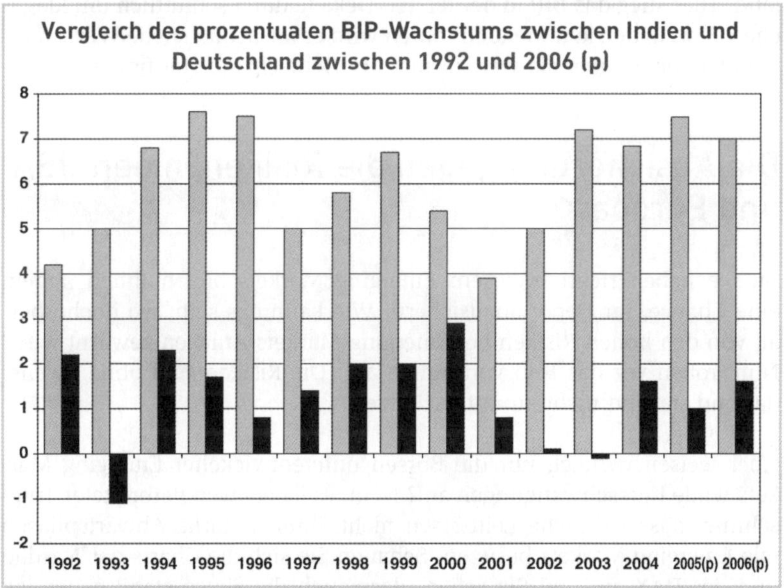

Quellen: eigenes Research, New Investor

Abbildung 4 Die indische Wirtschaft (grau) wächst seit Jahren deutlich stärker als die deutsche (schwarz). Das wird so bleiben. Studien gehen davon aus, dass Indien auf Jahre hinaus ein Wirtschaftswachstum von 5 % aufweisen wird.

mal eine Investmentchance wie im Deutschland der Nachkriegszeit zu erleben? Denn solche Chancen bekommen Sie und ich nicht jedes Jahr. Das sind historische Ereignisse mit einmaligen Investitionsgelegenheiten. Und wer die verpasst hat, der ist halt nicht dabei. Oder erst zu wesentlich höheren Aktienkursen.

Der phantastische wirtschaftliche Aufstieg Deutschlands und der Boom in den USA waren sensationell. Aber sie sind vorbei. Sie sind Geschichte. Jetzt sind andere Länder an der Reihe. Länder wie Indien, China oder Russland. Schauen Sie sich nur *Abbildung 4* mit dem Vergleich zwischen Indien und der ehemaligen Wirtschafts-Supermacht Deutschland an.

In Indien ist das BIP in den zurückliegenden zehn Jahren per annum um mindestens 5,0 % gewachsen (mit Ausnahme von 2001). Und in Deutschland? Hier stieg das BIP in der letzten Dekade durchschnittlich um klägliche 1,3 %. In den kommenden Jahren wird es tatsächlich neue Wirtschaftwunder geben, aber sie werden nicht in Deutschland stattfinden.

Die Absicherung gegen die Risiken in den USA und Europa

Ja, Sie haben richtig gelesen: Emerging Markets bieten Ihnen zudem eine Chance, Ihr Depot abzusichern. Wie kann das sein, wo doch überall von den hohen Risiken bei Emerging-Markets-Anlagen gewarnt wird? Nun, rollen wir das Feld von hinten auf: Die Risiken sind ohne Zweifel da, und sie sind nicht zu unterschätzen.

Aber weisen wirklich nur die Börsen unterentwickelter Emerging Markets wilde Kursschwankungen auf? Nein, es ist ein weit verbreiteter Trugschluss, dass westliche Leitbörsen nicht ähnlich starke Abwärtsphasen wie Emerging Markets besitzen. Schauen Sie sich die Charts der Nasdaq und des DAX an, und Sie sehen, dass auch die als so stabil geltenden westlichen Leitbörsen ebenfalls wilde Berg- und Talfahrten vollziehen.

Leider werden diese Risiken der etablierten Börsen von Anlegern häufig unterschätzt, während die Risiken von Emerging Markets überschätzt werden. Aber genau gegen diese Kursschwankungen von DAX, Dow Jones und Co. bieten Ihnen ausgerechnet Emerging-Markets-Investments eine hervorragende Absicherung.

Denn an den Börsen gibt es sowohl eine positive als auch eine negative Korrelation. Eine positive Korrelation bedeutet, dass zwei Aktien oder zwei Märkte – es können natürlich auch mehr sein – mit den gleichen oder sehr ähnlichen Kursbewegungen auf Nachrichten reagieren. Ein typisches Beispiel für eine sehr hohe positive Korrelation sehen Sie in *Chart 2* auf Seite 28.

Das bedeutet für Sie: Ein Depot mit Werten aus Ländern, die eine hohe positive Korrelation aufweisen, ist nicht ausgewogen und schlecht diversifiziert. Auf diesen entscheidenden Punkt gehe ich in Kapitel 6 noch einmal ausführlicher ein.

Vergleich der Kursschwankungen des Euro Stoxx 50 und des MSCI Emerging Markets zwischen 1995 und 2005

Quelle: Market Maker

Chart 1 Wie Sie sehen, weist der MSCI Emerging Markets Index (grau) hohe Kursschwankungen auf. Aber dem steht selbst ein konservativer Index wie der Euro Stoxx 50 (schwarz) in nichts nach. Auch die etablierten und als seriös erachteten Leitindizes der Welt sind nicht vor gefährlichen Abwärtsbewegungen geschützt.

Dieser Nachteil einer positiven Korrelation gilt aber nicht nur für Einzelaktien, sondern natürlich auch für ganze Märkte. Hier herrscht bei Privatanlegern die weit verbreitete Fehleinschätzung vor, dass es eine ausreichende Diversifikation sei, neben US-Titeln auf deutsche Werte zu setzen. Das ist völlig falsch.

Die deutsche Börse läuft der Wall Street immer hinterher wie ein Hund seinem Herrchen. Es heißt ja nicht umsonst in Börsianer-Kreisen: »Wenn die Wall Street hustet, kriegt der DAX einen Schnupfen.« Der deutsche

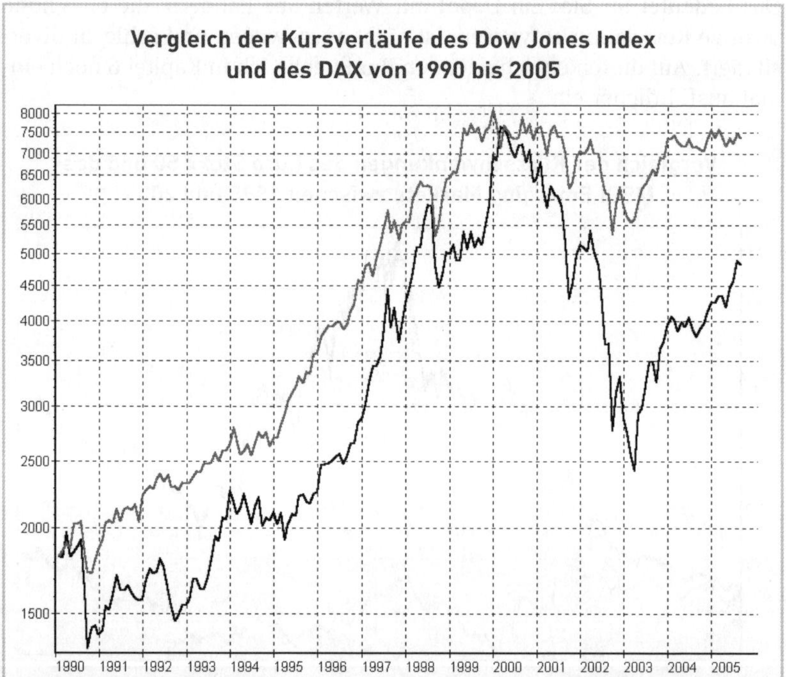

Quelle: Market Maker

Chart 2 Viel klarer kann eine positive Korrelation nicht sein. Der deutsche Leitindex DAX (schwarz) vollzieht genau die gleichen Entwicklungen wie sein großes Vorbild, der US-Index Dow Jones (grau). Lediglich die Ausschläge des DAX sind stärker, weshalb sich dieser Index besser für Trader eignet. Doch der DAX kann sich den Vorgaben der Wall Street nie entziehen und weist sehr ähnliche Bewegungsmuster auf.

Leitindex hat und wird sich nie von den US-Märkten abkoppeln. Der DAX wird vielleicht Trends stärker nachvollziehen, aber er wird nie ein autarkes Eigenleben führen. So sieht die Wirklichkeit aus.

Ich weiß, dass es schwer ist, solche harten Realitäten anzuerkennen, aber Sie müssen es tun. Ich kenne mich damit aus, Negatives zu akzeptieren. Ich bin schließlich Fan des 1. FC Köln. Sie haben daher entgegen der weit verbreiteten Meinung Ihr Depot keineswegs gut diversifiziert, wenn Sie neben US-Aktien auf deutsche DAX-Titel setzen (bei deutschen Nebenwerten sieht die Sache schon deutlich besser aus).

Woher kommt der Trugschluss? Von der Devisenseite. Denn hier diversifizieren Sie Ihr Depot natürlich, indem Sie Aktien auf USD-Basis mit Aktien auf Euro-Basis mischen. Aber diese Unabhängigkeit bezieht sich eben nicht auf die Aktienmärkte. Da sitzen DAX und Dow nämlich im gleichen Boot. Die Wahrheit ist also: Wenn Sie US-Aktien und deutsche Standardwerte kaufen, dann haben Sie Ihr Depot gar nicht diversifiziert, sondern im Gegenteil sogar noch abhängiger von der Entwicklung der US-Märkte gemacht.

Sie haben also genau das Gegenteil von dem erreicht, was eigentlich Ihr Ziel war: nämlich Risikominimierung durch Streuung auf verschiedene Märkte, die negativ miteinander korrelieren. Was Sie in Wirklichkeit brauchen, ist eine negative Korrelation, also Aktienmärkte, die steigen, wenn Dow Jones und DAX fallen.

Genau solche Börsen finden Sie in den Emerging Markets. Zahlreiche Studien haben in Backtestings, also historischen Vergleichen, eindrucksvoll bewiesen, dass es eine negative Korrelation zwischen den Weltbörsen USA und Europas und einigen Emerging Markets gibt. Sprich: Wenn der Dow Jones und der DAX fielen, stiegen die Börsen einzelner Emerging Markets unbeeindruckt an.

Dafür gibt es vor allem drei Gründe:

1) Viele kleinere Emerging Markets sind binnenmarktorientiert. Diese Länder führen aus Börsensicht ein Eigenleben. Sie entwickeln sich relativ autark zu den westlichen Kapitalmärkten, denn für die Kursentwicklungen dieser Börsen sind primär inländische Faktoren bzw. eigene Konsumnachfrage

entscheidend. Zwei bekannte Länder, deren Wirtschaften nicht exportlastig sind und daher nicht so von einer Verlangsamung des weltweiten Wirtschaftswachstums betroffen wären, sind Indien und Brasilien.

2) Die meisten Emerging-Markets-Börsen (mit Ausnahme der technologielastigen Länder wie Malaysia, Singapur, Südkorea und Taiwan) werden von klassischen Old-Ecomomy-Werten dominiert. New-Economy-Unternehmen, deren hohe Bewertungen in den USA und Deutschland immer zu starken Konsolidierungsphasen führen, spielen an den Börsen der Emerging Markets keine Rolle.

3) Dies ist ein besonders wichtiger Punkt: Emerging Markets profitieren vom Rohstoff-Boom. Wenn also die etablierten Industrieländer unter einem hohen Ölpreis und steigenden Ausgaben für Industriemetalle wie Aluminium oder Kupfer ächzen, sprudeln in den Emerging Markets die Gewinne. Der klassische Markt für eine optimale negative Korrelation ist deshalb Russland. Der russische Bär profitiert direkt von einem anziehenden Ölpreis, was sich in steigenden Firmengewinnen niederschlägt. Das treibt wiederum die Börse und den RTS-Index nach oben. Wenn es also am DAX und Dow Jones aufgrund des hohen Ölpreises brennt und die Anleger in Panik verkaufen, dann lässt das den russischen Aktienmarkt völlig kalt. Im Gegenteil, er profitiert ja von einem steigenden Ölpreis.

Ein ähnlich spannendes Investment mit einer hohen negativen Korrelation ist Südafrika. Denn wenn die Unsicherheit durch Terroranschläge, politische Krisen und Kriege ansteigt, dann setzen Investoren rund um den Globus auf Gold. Davon profitiert kein Land mehr als Südafrika, das Goldland Nummer eins.

Durch ein Investment in ausgesuchten Emerging Markets diversifizieren Sie also Ihr Depot und reduzieren damit das Gesamtrisiko. Denn wer nur auf US-Aktien und deutsche Standardwerte setzt, der tanzt auf einem brodelnden Vulkan ohne Netz und doppelten Boden. Auf die gewaltigen Risikofaktoren für den deutschen, aber vor allem für den amerikanischen Aktienmarkt bin ich ja bereits in Kapitel 1 eingegangen. Hier sage ich deshalb nur die Schlagworte: Verfall des europäischen Stabilitätspakts, deutsche Wirtschaftsflaute, Reformstau und überteuerte Sozialleistungen.

Das deutsche Staatsdefizit ist auch in 2005 schon wieder so hoch, dass unser Land zum vierten Mal in Folge (!) die Stabilitätskriterien des »Maastrichter Vertrages« (Defizit von 3 %) verletzen wird. Und in den kommenden Jahren wird nicht besser. Kein Geringerer als der IWF rechnet offiziell damit, dass Deutschland auch im nächsten Jahr mit einem Defizit von minus 3,4 % die Maastricht-Vorgaben nicht erreichen kann.

Auf der anderen Seite des Atlantiks starren Sie dann dem amerikanischen Zwillingsdefizit, einer exorbitanten Verschuldung der US-Haushalte und

Gegensätzliche Kursverläufe des russischen Index RTS und des DAX zwischen 2000-2005

Quelle: Market Maker

Chart 3 Ein perfektes Beispiel für eine negative Korrelation. Während der deutsche Leitindex DAX (schwarz) in den Jahren 2001 bis 2003 immer tiefer fiel, kannte der RTS (grau) nur eine Richtung: nach oben. Mit einem Investment in den RTS konnten Sie also Ihr Gesamtdepot hervorragend gegen die massiven Kursverluste des DAX absichern.

einer zum Bersten aufgepumpten Immobilienblase in die Augen. Deshalb wird eine Diversifikation Ihrer Anlagen in den kommenden Jahren absolut unerlässlich sein, wenn Sie an der Börse irgendeine Aussicht auf überdurchschnittliche Erfolge haben wollen. Diese Diversifikation bieten Ihnen Emerging Markets mit ihrer negativen Korrelation zu den etablierten Börsen der Industrienationen.

simplified

2 Sagenhafte Chancen und hohe Risiken

Es gibt einen entscheidenden Grundsatz, der zwar für alle Bereiche der Börse gilt, aber in den Emerging Markets in Gold gestanzt ist: Sie müssen wissen, was Sie tun. Wenn Sie deshalb vorher nicht Ihre Hausaufgaben machen, dann kann ich Ihnen schon jetzt sagen: Sie werden nicht zu den langfristigen Gewinnern gehören.

Ich kann Ihnen aber auch sagen: Wenn Sie sich mit der Materie der Emerging Markets auseinander setzen und sich informieren, dann werden sich potenzielle Verluste schnell in reale Gewinne umwandeln. Wissen ist der Schlüssel zum Erfolg, und nirgendwo gilt das mehr als in den Emerging Markets. Denn hier liegen einmalige Chancen und hohe Risiken ganz dicht beieinander.

Die ungewöhnlichen Chancen

Die besonderen Chancen für Unternehmen aus Emerging Markets, und damit für deren Aktien, resultieren aus verschiedenen wirtschaftlichen und politischen Faktoren, die sich über die letzten Jahre entwickelt haben. Der heutige Mix dieser Faktoren ergibt einen Cocktail, der heißer ist als das schwedische Bikiniteam. Gehen wir die Faktoren nacheinander durch.

Überproportionales Wachstum der Unternehmen

Die Firmen aus Emerging Markets weisen Wachstumsraten auf, von denen die CEOs westlicher Unternehmen nachts träumen. Gewinnverdoppelungen und Umsatzanstiege jenseits der 50 % sind für aufstrebende Unternehmen aus den Schwellenländern keine Seltenheit. Das sind die Wachstumsgeschichten, die Börsianer lieben und mit steigenden Kursen honorieren. Denn letztendlich dreht sich an der Börse alles nur um eines: Wie viel Gewinn wird ein Konzern machen, und wie dynamisch werden

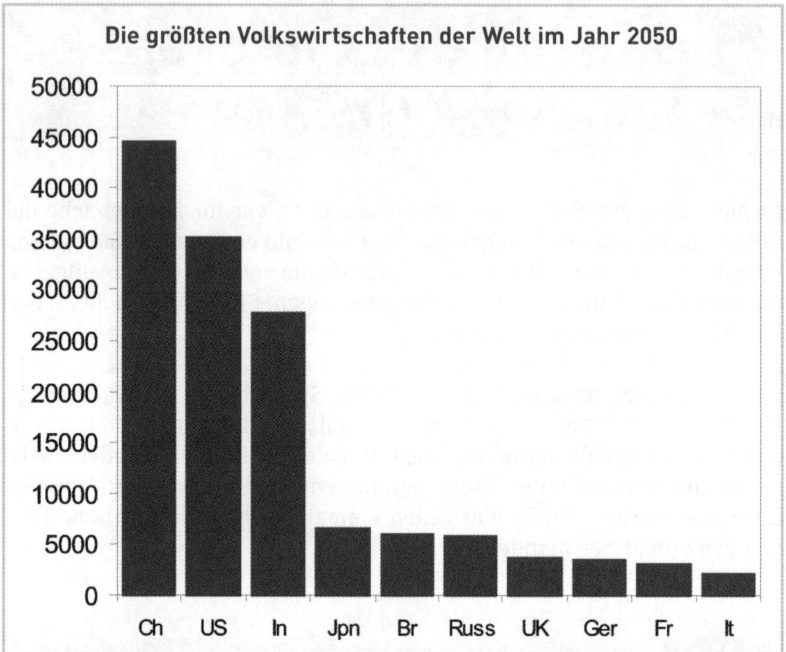

Quelle: Goldman Sachs

Abbildung 5 So wird die Rangliste der größten Volkswirtschaften im Jahr 2050 aussehen. Das Fundament für diesen historischen Wandel ist bereits gelegt. Unter den Top-6 werden von den alten Industriemächten nur die USA (US) und Japan (Jpn) verbleiben. Die anderen G-6-Staaten England (UK), Deutschland (Ger), Frankreich (Fr) und Italien (It) haben ausgedient. Stattdessen herrschen dann China (Ch), Indien (In), Brasilien (Br) und Russland (Ru).

die Profite in der Zukunft wachsen? Und in der Gewinndynamik stechen die Unternehmen aus den aufstrebenden Emerging Markets ihre europäischen Kontrahenten um Längen aus.

Mit niedrigen Produktionskosten und damit verbundenen niedrigen Preisen machen die Emerging-Market-Firmen den teuren West-Produkten immer weiter die Marktanteile streitig. Doch inzwischen ist das Wachstum nicht mehr nur exportabhängig. Denn das überdurchschnittliche Wirtschaftswachstum der Emerging-Markets-Länder führt nun auch zu einem steigenden inländischen Konsum.

Steigender Wohlstand trifft auf ungedeckte Nachfrage

Der Wirtschaftsaufschwung führt in den Emerging Markets zu steigenden Einkommen und damit zu einem höheren »Vermögen« der Bürger – zugegeben, ein sehr fragwürdiger Begriff bei Stundenlöhnen von teilweise unter 1 USD. Erstmals haben immer mehr Bürger plötzlich mehr Geld in der Tasche, als sie zum puren Überleben brauchen. Dieses Geld wandert postwendend in den Konsum. Damit steigt der inländische Konsum, was sich auf die Geschäftsentwicklungen der dortigen Firmen positiv niederschlägt. Denn jetzt erleben die Emerging Markets plötzlich ein Wachstum von zwei Seiten: dem Export und dem inländischen Konsum. Hier gibt es ein riesiges Aufholpotenzial, von dem die dortigen Unternehmen natürlich überdurchschnittlich profitieren.

Günstige Rahmenbedingungen für Firmen

Während das starke Nachfragewachstum für die überdurchschnittlichen Umsatzsteigerungen der Firmen aus Emerging Markets sorgt, gibt es für die massiven Gewinnzuwächse noch einen zweiten Grund: Unternehmen finden in Emerging Markets extrem unternehmensfreundliche Rahmenbedingungen vor. Hier können die Kosten auf Minimalwerte reduziert werden, die in Industrienationen wie Deutschland unvorstellbar sind. Dazu gehören niedrige Steuersätze, kaum existierende Umweltauflagen und natürlich in erster Linie die geringen Stundenlöhne. So bekommen chinesische Arbeiter derzeit einen durchschnittlichen Stundenlohn von 0,70 Euro.

Wo sich jedem Gewerkschaftler die rote Krawatte um die Kehle schnürt, jubeln die Unternehmer und mit ihnen die Aktionäre. Denn solch niedrige Kosten ermöglichen Kampfpreise, die kein westliches Unternehmen bieten kann. Gleichzeitig finden Sie aber in Emerging-Markets-Ländern eine hohe Arbeitsmoral und eine kontinuierlich steigende Ausbildungsqualität. In Emerging Markets bekommen Firmen also motivierte Arbeiter, deren Ausbildung sich dem Niveau der Industrienationen immer weiter annähert – obwohl die Abstände größtenteils noch gravierend sind – zu einem Bruchteil der westlichen Lohnkosten.

Zudem besitzen die Firmen aus Emerging-Markets-Ländern noch ein riesiges Potenzial bei der Optimierung der Produktivität. So können die Abläufe, z.B. durch den Einsatz moderner Technologien, deutlich kosteneffizienter und zeitsparender gestaltet werden, was direkt zu Gewinnsteigerungen der Firmen führen wird. Das klassische Beispiel für das Nachholpotenzial bei effizienten Produktionsabläufen ist die Textilindustrie. In Asien werden viele Kleidungsstücke tatsächlich noch in großen Hallen von Hunderten Angestellten per Hand und mit veralteten Nähmaschinen hergestellt.

Aufgrund der steigenden Gewinne können diese Unternehmen aber jetzt endlich neue Produktionstechnologien kaufen oder bestehende Anlagen modernisieren. Das sorgt nicht nur für einen Produktivitätsanstieg, sondern auch dafür, dass die Emerging-Markets-Produkte auch in ihrer Qualität immer besser werden.

Emerging Markets befinden sich in einem langfristigen Bullenmarkt

Der unten stehende Chart zeigt Ihnen, dass sich der MSCI Emerging Markets, der Index für Emerging Markets (aufgelegt von der Investmentbank

Kursverlauf des MSCI Emerging Markets zwischen 1995 und 2005

Quelle: Market Maker

Chart 4 Nachdem der MSCI Emerging Markets die großen Börsen in der schweren Baisse 1997 bis 2001 deutlich underperformte, hat sich das Bild nun komplett gedreht. Die Krisen sind bewältigt, und der MSCI Emerging Markets befindet sich seit 2003 in einem langfristigen Bullenmarkt.

Morgan Stanley), seit 2002 in einem neuen Hausse-Markt befindet. Für charttechnisch orientierte Anleger stehen alle Ampeln auf Grün.

Wie Sie in diesem Chart auch sehen, haben die Emerging Markets die etablierten Indizes wie den Euro Stoxx 50 oder den S&P 500 in den letzten Jahren massiv outperformt. Das wird sich fortsetzen, da diese Hausse sowohl charttechnisch als auch realwirtschaftlich auf einem gesunden Fundament steht. Denn die Gewinne der Unternehmen aus diesen Ländern wachsen weiter, was wiederum die Börsenkurse steigen lässt und die Hausse weiterführt.

Zudem nehmen sowohl die Portfolio- also auch die Direktinvestitionen aus den Industriestaaten in Emerging Markets seit Jahren immer weiter zu. So weisen die Emerging-Markets-Fonds stetig steigende Kapitalzuflüsse auf. Das Geld fließt halt immer dahin, wo in der Zukunft die größten Gewinne zu erwarten sind.

Extrem günstige Börsenbewertung der Unternehmen

Trotz der hohen Wachstumsraten und äußerst positiven Zukunftsperspektiven besitzen Emerging-Markets-Aktien günstige, teilweise sogar

Aktienbewertungen von verschiedenen Emerging-Markets-Aktien

Aktie	ISIN	Land	Branche	Marktkap.	KGV 2006 (p)	PEG 2006 (p)
Chalco	CN0007659080	China	Rohstoffe	7,1 Mrd. USD	6,6	0,47
Companhia Energetica	XS0125447077	Brasilien	Versorger	6,0 Mrd. USD	8,7	0,97
Golden Telecom	US38122G1076	Russland	Telecom	1,0 Mrd. USD	12,9	0,59
National Telefonos	US2044211017	Venezuela	Telecom	1,6 Mrd. USD	7,3	0,28
Posco	US693481099	Südkorea	Rohstoffe	16,5 Mrd. USD	4,3	0,32

Quelle: Bloomberg, Eigenes Research, Wall Street Journal

Tabelle 1 Ja ist denn schon Weihnachten? Dieser Querschnitt durch verschiedene Branchen und Länder zeigt Ihnen, welche Bewertungsschnäppchen Sie in den Emerging Markets finden. Dabei sehen Sie, dass solche Unterbewertungen nicht nur bei kleinen Werten vorkommen, sondern auch bei milliardenschweren Konzernen zu finden sind.

absurd billige Börsenbewertungen im Vergleich zu konkurrierenden Unternehmen aus Industrieländern. Ob Sie nun Bewertungsgrößen wie KGV, PEG oder Kurs-Buchwert-Verhältnis nehmen – Aktien aus Schwellenländern sind fast immer deutlich niedriger bewertet als ihre Pendants aus Europa, Japan und besonders den USA, deren Kapitalmärkte wesentlich höher bewertet sind.

Nur in den aufstrebenden Emerging Markets finden Sie tatsächlich noch Perlen, die wirkliche Rohdiamanten sind und ein KGV unter fünf oder ein PEG unter 0,5 aufweisen. Also Unternehmen, die mit gigantischen Abschlägen gegenüber der Vergleichsbranche bewertet werden, obwohl das Wachstum deutlich dynamischer als bei Unternehmen aus der Ersten Welt ist. Hier liegt noch großes Potenzial für steigende Aktienkurse unentdeckt brach.

Hohe Dividendenzahlungen

Dieser Punkt wird von vielen Privatanlegern oft übersehen. Der Grund ist nicht, dass er eine Randerscheinung ist, sondern dass viele Privatanleger einfach nicht richtig informiert sind. Denn entgegen der häufig verbreiteten Meinung zahlen viele Unternehmen aus Emerging Markets bereits Dividenden, und zwar nicht zu knapp. Da diese Firmen an der Börse noch sehr niedrig bewertet sind, können Sie hier noch Dividendenrenditen bekommen, die jenseits der Vorstellungskraft westlicher Investoren liegen.

So weisen einzelne Emerging-Markets-Aktien Dividendenrenditen von unglaublichen 8 % auf. Teilweise reichen die Dividendenrenditen bei unentdeckten Werten sogar bis in den niedrigen zweistelligen Bereich hinein. Renditen von 5 % sind bei Aktien aus Emerging Markets nichts Ungewöhnliches, sondern finden sich sogar recht häufig. Zum Vergleich: Die durchschnittliche Dividendenrendite des DAX liegt ungefähr bei 2,63 %.

Bei vielen Emerging-Markets-Werten erhalten Sie also neben der Kursphantasie noch eine doppelt so hohe Dividendenrendite wie bei deutschen Standardpapieren. Für Anleger der populären Dividendenstrategien sind Emerging Markets damit ein absolutes Paradies. Gerade langfristig orientierte Anleger kommen so auf bedeutende Extra-Gewinne, bis die Werte durch Kurssteigerungen ihr volles Potenzial entfalten. Allerdings müssen Sie wissen, dass diese Dividenden in der jeweiligen Landeswährung ausgeschüttet werden und damit Wechselkursrisiken unterliegen.

Verbesserte Aktienkultur zieht internationales Kapital an

In den meisten großen Emerging Markets hat sich in den letzten fünf Jahren eine neue Aktienkultur entwickelt. Die aktionärsfreundliche Politik der »Corporate Governance« setzt sich immer weiter durch. Das schafft Vertrauen bei internationalen Anlegern und sorgt dafür, dass immer mehr fremdes Kapital in die Emerging Markets fließt. Diese Reformen ziehen jedoch nicht nur Börsenkapital, die so genannten »Portfolioinvestitionen«, an.

Noch viel wichtiger sind für die Emerging Markets die stetig steigenden »Foreign Direct Investments«, die Direktinvestitionen von ausländischen Unternehmern oder Kapitalgebern. Bei Direktinvestitionen handelt es

Abbildung 6 Die weltweiten Direktinvestitionen in China sind in den letzten 14 Jahren um 1.688 % explodiert. Auffällig ist dabei, dass die Direktinvestitionen seit 2001 immer weiter ansteigen, obwohl die »Experten« seit Jahren vor einem »Hard Landing« der chinesischen Wirtschaft warnen. Offensichtlich sieht die Wirtschaft den Sachverhalt ganz anders und ist weiterhin bullish für den chinesischen Markt.

sich um die Beteiligung westlicher Firmen an Emerging-Markets-Unternehmen, Übernahmen, den Erwerb von Immobilien oder Gründungen von Tochtergesellschaften in den jeweiligen Ländern.

Sowohl die Portfolioinvestitionen am Kapitalmarkt als auch die Direktinvestitionen in die Landeswirtschaft verzeichnen in vielen Emerging Markets seit Jahren massive Zuwächse, was direkt zum Wirtschaftsaufschwung beiträgt.

Die ungewöhnlichen Risiken

Aber wie kann es sein, dass Aktien mit solchen Zukunftsaussichten, Wachstumsraten und Dividenden zu derart niedrigen Börsenbewertungen zu haben sind? Nun, der zentrale Punkt im Börsengeschäft ist das Verhältnis zwischen Chance und Risiko. Nichts ist umsonst im Leben, und an der Börse schon gleich gar nicht. So aussichtsreich Emerging-Markets-Unternehmen oder ganze Länder auch sein mögen, so sind sie eben doch erst »emerging«, also aufstrebend und noch in der Wachstumsphase. Die Risiken, dass etwas schief geht, sind nicht zu verachten. Das ist der Grund, warum Emerging-Markets-Werte so billig sind.

Die günstige Bewertung ist die Risikoprämie für die unterschiedlichen Faktoren, welche die Entwicklung einer Firma oder eines ganzen Emerging Markets belasten können. Dafür, dass Sie bereit sind, dieses Risiko durch einen Kauf zu übernehmen, bekommen Sie im Gegenzug vom Markt diese teilweise extrem günstigen Bewertungen.

Krisen sind nämlich in Emerging Markets keine Ausnahme, sie sind an der Tagesordnung, denn es gibt die verschiedensten Arten von Krisen. Die Börsengeschichte der Emerging Markets hat gezeigt, dass es sich um ein ständiges Wechselspiel von Euphorie- und Depressionsphasen handelt. Aber wer diese Phasen richtig ausspielen kann, der hat die Chance, sehr viel Geld zu verdienen.

Hier kann ich Ihnen nur dringend raten, sich mit den Krisen der Vergangenheit vertraut zu machen. Die bedeutendsten Emerging-Markets-Krisen der letzten 15 Jahre waren die »Tequila-Krise« in Mexiko 1994, die Asien-

Krise 1997, die »Wodka-Krise« in Russland 1998 und natürlich Argentinien 2001/02. So können Sie aus den Fehlern der Historie lernen und wissen, was zu tun ist, wenn eine ähnliche Situation in der Zukunft auftritt.

Was sind nun die wichtigsten Risikofaktoren für Investitionen in Emerging Markets?

Politische Unsicherheit und Staatskrisen

Revolution, Terrorattentate, Putschversuche. Das sind einige der, zugegeben dramatischen, Faktoren der politischen Unsicherheit, die direk-

Kursverlauf des russischen Leitindex RTS von 1995 bis 2005

Quelle: Market Maker

Chart 5 Das ist nichts für Badekappenträger. Nach einem tollen Anstieg 1996 bis Mitte 1997 ging die russische Börse mit dem Ausbruch der Wodka-Krise in die Knie. Aber ebenso schnell wie die russische Börse eingebrochen war, erholte sie sich wieder, nachdem die Krise unter Kontrolle gebracht worden war.

te Kursstürze der jeweiligen Landesbörse zur Folge haben. In Emerging Markets, vor allem in Südamerika und den Tigerstaaten, gibt es solche Ereignisse häufiger. Gerade in politisch instabilen Regionen entwickeln sich immer wieder Auseinandersetzungen verschiedener Volksgruppen, die sich schnell zu einem Flächenbrand auswachsen können.

Dazu kommen ausgewachsene Staatskrisen. Ein Land kann nicht Pleite gehen? Da täuschen Sie sich aber gewaltig. So musste Argentinien in 2002 die Zahlungsunfähigkeit erklären. Wäre die Weltbank nicht mit Milliardenkrediten eingesprungen, dann hätte wohl ein Insolvenzverwalter den gelben Kuckuck auf jeden Baum im argentinischen Regenwald geklebt. Die wichtigsten Frühwarnsignale für sich abzeichnende Staatskrisen sind eine charttechnische Verschlechterung des Landesindex, eine massiv fallende Währung und auffällig große Kapitalabflüsse von internationalen Anlegern. Selbst wenn Sie nur auf diese drei Faktoren achten – denn es gibt noch weitere – haben Sie sehr gute Chancen, frühzeitig eine schwere Staatskrise zu erkennen und Kasse zu machen, bevor die Krise eskaliert. Denn die Ausschläge sind immer dramatisch. So verlor der russische Index RTS zu Beginn der Wodka-Krise an einem Tag 14 % und in einem Jahr unglaubliche 93,3 %.

Sie können das Risiko reduzieren, indem Sie Ihre Investments über verschiedene Länder und, noch wichtiger, verschiedene Regionen streuen. Mehr Hintergrundinformationen stelle ich Ihnen in Kapitel 6 vor.

Gesellschaftliche Unsicherheiten

Der Albtraum eines jeden Investors ist dabei natürlich der Bürgerkrieg. Aber es muss gar nicht so schlimm kommen. Um eine Landesbörse in den Keller zu schicken, reichen oft auch schon ausgedehnte Streiks in Schlüsselindustrien. Ein Sonderfaktor sind traditionell politische Wahlen. In Emerging Markets wird im Wahlkampf mit harten Bandagen gekämpft, die jenseits der moralischen Vorstellungen westlicher Demokratien liegen. Hier werden sämtliche Leichen des politischen Gegners von der Grundschule aufwärts aus dem Keller geholt und publik gemacht. Ein solches öffentliches Waschen schmutziger Wäsche sorgt immer wieder für Unsicherheiten bei Investoren.

Besondere Unruhe an den internationalen Finanzmärkten verursachen Wahlen, bei denen der Ausgang nicht prognostizierbar ist und einer der

Kandidaten aus einem extremen politischen Lager kommt. Denn dann ist ungewiss, ob dieser Politiker nach einem möglichen Sieg die wirtschaftlichen Fortschritte fortführen wird oder nicht. Seien Sie deshalb in Wahljahren besonders auf der Hut.

Traditionell sind die Kursrückschläge aufgrund gesellschaftlicher Unsicherheiten, mit der Ausnahme von Bürgerkriegen, aber sehr kurzfristig und bieten daher oft eine hervorragende antizyklische Einstiegsgelegenheit.

Naturkatastrophen

Da sich Emerging Markets in der Entwicklung zu einer Industrienation befinden, spielt die Landwirtschaft noch eine deutlich gewichtigere Rolle als bei uns. Zudem ist die Infrastruktur in fast allen Emerging Markets stark unterentwickelt. Folglich haben Naturkatastrophen wie Überschwemmungen, Dürre oder Regen wesentlich dramatischere Auswirkungen auf die volkswirtschaftliche Entwicklung als in Deutschland oder Frankreich. Die schlimmsten Auswirkungen richtet dabei das Naturphänomen »El Niño« an, das in wiederkehrender Regelmäßigkeit aus Klimaveränderungen entsteht. Behalten Sie dieses Naturereignis also immer im Augenwinkel.

Das Risiko der Naturkatastrophen lässt sich jedoch relativ einfach minimieren. Es hilft ein guter indianischer Medizinmann mit einem Doktor-Titel in den Fächern Regentanz und Sonnenanbetung. Falls Sie aber dummerweise nicht mitten in einem Indianerreservat wohnen, habe ich einen wesentlich effektiveren Tipp für Sie: Streuen Sie Ihre Anlage über verschiedene Branchen. Ein Telecomunternehmen oder einen Energieversorger interessiert es beispielsweise herzlich wenig, ob seit zwei Monaten Dürre herrscht.

Mangelnde Transparenz der Firmenentwicklung

Es ist fraglos schwierig, fundierte Informationen über Firmen aus exotischen Ländern wie Venezuela oder Malaysia zu erhalten. Selbst Experten vor Ort haben oft Probleme, den Dschungel aus Überkreuzbeteiligungen der Firmen und die Geschäftsberichte nach ländereigenen Bilanzierungsstandards, die sich teilweise gravierend von etablierten Leitlinien unterscheiden, zu durchschauen. Wie alle Risikofaktoren können Sie auch die fehlende Transparenz nicht völlig ausschalten. Aber Sie können das Risiko deutlich reduzieren, indem Sie in Aktien investieren, die als ADRs (Level

2 und 3) an den großen US-Börsen notieren. Denn dann müssen sich die Unternehmen an die Regeln der US-Aufsichtsbehörde SEC halten, die eine zeitnahe Veröffentlichung der Geschäftszahlen nach international anerkannten Bilanzierungsstandards verlangt. Die Vorteile von ADRs erfahren Sie in Kapitel 5.

Unzureichende Privatisierungen und Investitionsbeschränkungen

Dieses Problem zeigt sich vor allem in früheren kommunistischen und sozialistischen Staaten. Hier werden ehemalige Staatsbetriebe im Rahmen des fortschreitenden Wandels zur freien Marktwirtschaft privatisiert. Das ist natürlich erst einmal positiv. Aber was viele unwissende Aktionäre oftmals übersehen: Es wird nur ein kleiner Anteil der Unternehmen privatisiert. Die Mehrheit bleibt nach wie vor in Staatsbesitz. Damit befindet sich aber auch die Kontrolle in den Händen der alten Machteliten. Das verhindert häufig radikale Unternehmenserneuerungen, und es besteht die Gefahr, dass sich der Staat von größeren Aktienpaketen trennt, was den Kurs belastet.

Was steckt dann wirklich hinter den Privatisierungen? Nun, die wahre Motivation der Staaten ist zumeist, dass sie mit dem Verkauf die Kosten für die überfällige Modernisierung auf ausländische Firmen abwälzen. Anstatt diese Ausgaben selbst zu tätigen, verkaufen die Regierungen Teile der Unternehmen. Die Käufer modernisieren dann den Konzern und erhalten im Gegenzug z.B. Garantien für zeitlich begrenzte Monopolstellungen.

Sehr häufig gibt es deshalb auch staatliche Richtlinien, nach denen ausländische Investoren nur einen bestimmten Prozentsatz an den Unternehmen des Landes (z.B. 20 %) erwerben dürfen. Das schreckt vor allem angelsächsische Fondsmanager ab, die immer großen Wert auf die eigene Einflussnahme auf Unternehmensentwicklung und Managemententscheidungen legen. Traditionell sind von den Beteiligungsbeschränkungen besonders die Energieversorger, Rohstoffunternehmen sowie Telekommunikations- und Medienkonzerne betroffen.

Unzureichende Geschäftszahlen und Corporate Governance

Dieses Risiko hat sich mit dem zunehmenden Interesse internationaler Investoren an Unternehmen aus Emerging Markets in den letzten Jahren dramatisch verbessert. Unter »Corporate Governance« versteht man eine aktionärsfreundliche Informationspolitik. Immer mehr Unternehmen aus Emerging Markets begreifen, dass eine transparente Geschäftspolitik zu steigendem Vertrauen ausländischer Investoren und damit zu steigenden Investitionen und anziehenden Börsenkursen führt. Das war in den Neunzigern noch völlig anders: Unregelmäßige Geschäftszahlen, intransparente und nicht zu durchschauende Eigentümerverhältnisse, ausfallende Dividendenzahlungen und kriminelle Bereicherung an Firmenwerten waren damals an der Tagesordnung.

Heute zeigt sich Ihnen schon ein deutlich besseres Bild: So bilanzieren immer mehr große Emerging-Markets-Unternehmen nach den international anerkannten Standards US-GAAP und IAS. Das gilt aber zumeist nur für die großen Unternehmen, die sonst den Druck der Fondsmanager zu spüren bekommen. Vor allem in der zweiten und dritten Reihe bilanzieren viele Firmen ihre Geschäftszahlen noch in landeseigenen Standards. Diese Zahlen sind deshalb immer mit besonderer Vorsicht zu genießen.

Dazu kommt es leider immer noch sehr häufig vor, dass die Aktionäre die Geschäftszahlen erst mit großem Zeitrückstand erhalten. Gerade bei Unternehmen, die nicht an westlichen Börsen gelistet und damit nicht den dortigen strengeren Listingregeln unterworfen sind, werden die Zahlen nach bester »Hakuna Matata«-Manier (afrikanisch für: »Nimm das Leben nicht so schwer«) locker mit einigen Monaten Zeitverzögerung veröffentlicht.

Trotzdem: Nie befand sich die »Corporate Governance« auf einem höheren Niveau, was das Investitionsklima für internationales Kapital in Emerging Markets immer weiter verbessert.

Betrug, Korruption und Vetternwirtschaft

Der Klassiker der Emerging Markets. Zugegebenermaßen ein sehr berechtigter Risikofaktor. Gerade das Problem der Vetternwirtschaft ist in den Emerging Markets fast unumgänglich. Dabei handelt es sich um eine enge Verflechtung zwischen der politischen und der wirtschaftlichen Elite. Besonders in Asien, Osteuropa und Russland ist die Vetternwirtschaft ein großes Problem. Diese Verflechtungen, in Südkorea »Crony Capitalism« genannt, sorgen immer wieder dafür, dass einzelne Firmen bei Ausschreibungen bevorzugt werden oder besondere Vergünstigungen erhalten.

Dazu kommen Betrügereien. Bestechung und Korruption sind in vielen unterentwickelten Emerging Markets alltäglich. Wesentlich problematischer sind für Anleger die gezielte Manipulation von Pressemitteilungen oder Geschäftsbilanzen und das geheime Ausschlachten von Aktiengesellschaften. Nirgendwo nahm dies dramatischere Ausmaße an, als in der Privatisierungsphase in Russland während der wilden neunziger Jahre. Dort verkauften die Oligarchen die besten Beteiligungen von ehemaligen Staatskonzernen unter der Hand an Unternehmen, die ihnen natürlich selbst gehörten. Als alles vorbei war, saßen die verdutzten internationalen Anleger auf Aktien von einem quasi wertlosen Unternehmen, dessen Sahnestücke plötzlich nicht mehr zum Konzern gehörten. Allerdings muss ich hier auch ganz klar sagen: Kriminelle Machenschaften sind nicht nur ein Problem der Emerging Markets, wie die Fälle Comroad oder Enron zeigen. Immerhin können Sie das Risiko reduzieren, indem Sie auf große Blue Chips setzen, die nach anerkannten Standards bilanzieren und eine offene »Corporate Governance« betreiben.

Spekulationsblasen und Überbewertungen

Dieser Risikofaktor ist so alt wie die Emerging Markets selbst. Aber er wird in den kommenden Jahren einer der größten Risikofaktoren werden. Denn mit dem zunehmenden Interesse des internationalen Kapitals werden in den nächsten Jahren immer mehr Gelder in die Emerging Markets fließen. Doch viele dieser Kapitalmärkte sind noch gar nicht groß genug, um solche Summen aufzunehmen. Das führt teilweise schon heute zu stark steigenden Kursen und übertriebenen Spekulationsblasen, bei denen Einzelwerte und selbst ganze Länder hohe, teilweise sogar überteuerte Bewertungen aufweisen.

Da ich für die kommenden Jahre einen massiven Anstieg der Portfolioinvestitionen in den Emerging Markets erwarte, werden die überteuerten Spekulationsblasen zunehmen. Das internationale Kapital wird in Euphorie die Märkte nach oben treiben, bis den ersten Investoren klar wird, dass die dann erreichten Bewertungen für einen risikoreichen Emerging Market viel zu hoch sind. Es kommt zum Platzen der Blase. Schon heute sind viele Emerging Markets und einzelne Blue Chip-Aktien nicht mehr billig. Kaufen Sie sich deshalb in Emerging Markets vorrangig in Korrekturphasen ein.

simplified

3 Die Eigenarten der Emerging Markets

Trotz der hervorragenden langfristigen Aussichten für die Emerging Markets ist auch hier nicht alles Gold, was glänzt. Denn es gibt bei Emerging Markets Besonderheiten, die Ihnen aus den deutschen und amerikanischen Märkten (glücklicherweise) weitgehend fremd sein werden. Aber diese Besonderheiten müssen Sie kennen, wenn Sie sich an die Börsen in Mumbai, Prag oder Sao Paulo begeben.

Die unterschiedlichen Entwicklungsstufen der Emerging Markets

Um auf der richtigen Seite zu stehen, müssen Sie zuerst die einzelnen Abstufungen unter den nicht industrialisierten Ländern kennen. Denn Emerging Market ist eben nicht gleich Emerging Market. Sie müssen deshalb über die Unterschiede Bescheid wissen, um sich mit dem richtigen Mix aus fortgeschrittenen Ländern und aussichtsreichen Aufsteigern ein langfristig aussichtsreiches Depot mit hervorragenden Chancen bei akzeptablem Risikoprofil aufzubauen. Sehr häufig machen gerade uninformierte Anleger den Fehler, alle Länder unterhalb der Ersten Welt automatisch als Emerging Market gleichzusetzen. Ein fataler und leider immer sehr teurer Irrtum.

In der Volkswirtschaftslehre wird die globale Wirtschaftsentwicklung wesentlich differenzierter betrachtet als in der Politik, auch wenn das folgende Raster natürlich immer noch recht grobmaschig ist. Hier gilt: je tiefer die Entwicklungsstufe, desto höher werden die Chancen, aber auch die Risiken. Es wird zwischen folgenden Stadien der wirtschaftlichen Entwicklung unterschieden:

Industrieland

Die höchste Entwicklungsstufe ist das »Industrieland«. Dazu muss man nichts mehr sagen. Hierbei handelt es sich um die Länder der Ersten

Welt. Im Wartezimmer sitzt schon ungeduldig Südkorea, das als nächster Emerging Market den Sprung in den exklusiven Zirkel der Industrieländer schaffen wird.

Neues Industrieland bzw. Newly Industrialized Country (NIC)

Ab hier beginnt die Welt der Emerging-Markets-Anleger. Unter »NIC« fallen Länder, die sich bereits im mittleren oder späten Stadium des Industrialisierungsprozesses befinden. Viele der NIC-Länder werden in den kommenden zehn bis 20 Jahren zu den treibenden Wirtschaftsnationen der Welt gehören und zu neuen internationalen Big Playern werden. Die klassischen Beispiele für NICs (mittleres Stadium) sind China und Indien, aber auch Mexiko oder Südafrika.

Schwellenland (Emerging Market)

Jetzt wird es wirklich spannend. Denn in diesem Bereich finden Emerging-Markets-Anleger die größten Perlen. Grundsätzlich kann man sagen, dass sich die Schwellenländer an der Schwelle zum Industrialisierungsprozess befinden oder derzeit ein frühes Stadium durchleben. Diese Länder sind noch weit davon entfernt, jemals globale Wirtschaftsmächte wie die USA, Deutschland oder Japan zu werden.

Ich unterscheide die Schwellenland-Stufe noch mal in zwei Levels, die sich am Stand des Industrialisierungsprozesses festmachen lassen. Zum ersten Level gehören Schwellenländer, die sich im frühen bis mittleren Prozess der Industrialisierung befinden. Dazu zähle ich z.B. viele der osteuropäischen Staaten, allen voran Polen, wo die Landwirtschaft immer noch eine dominierende Rolle im Wirtschaftssystem einnimmt.

In diesen Level gehören nach meiner Meinung auch so genannte »Turnaround-Märkte«, also Länder, die schon einen gewissen Entwicklungsgrad erreicht hatten, dann aber durch schwere politische oder gesellschaftliche Entwicklungen zurückgeworfen wurden. Der Klassiker ist natürlich Argentinien. Solche Länder besitzen bereits Grundvoraussetzungen und werden bei einem erfolgreichen Comeback (dem Turnaround) schnell große Fortschritte machen und zu den NICs aufschließen.

Der zweite Level in der Schwellenland-Stufe ist eigentlich der spannendste. Denn diese Länder besitzen natürlich das größte Kurspotenzial. Wie

Sie inzwischen wissen, bedeutet es aber auch, dass dieser Level gleichzeitig ein deutlich höheres Risiko aufweist. Doch in diesem zweiten Level befinden sich die Emerging Markets von morgen. Die spielen heute erst eine sehr untergeordnete Rolle, und sie werden darüber auch noch kaum etwas in der Presse lesen. Aber in fünf bis zehn Jahren werden diese Länder die nächsten Level-1-Schwellenländer sein. Das bietet natürlich riesige Chancen, denn in diesen Märkten sind Sie heute noch von der Anfangsphase an dabei. Das ist ungefähr so, als ob Sie vor 20 Jahren in Polen oder vor 15 Jahren in Indien investiert hätten.

Bei allem langfristigen – und wir reden hier von wirklich langfristigem – Potenzial dürfen Sie jedoch die Risiken auf keinen Fall unterschätzen. In diesen Ländern wird es in den nächsten Jahren naturgemäß zu den schwersten Krisen und stärksten Börsenschwankungen kommen. Denn die meisten dieser Level-2-Länder befinden sich gerade im Umbruch zu einer freien Marktwirtschaft und besitzen politisch instabile Regierungsformen und Gesellschaftsstrukturen. Fast alle dieser Länder verfügen erst über einen noch unterentwickelten Kapitalmarkt. Zu solchen Level-2-Ländern zählt z.B. Vietnam. Heute hören Sie noch nichts über dieses kommunistische Land. Aber in fünf Jahren werden Sie darüber in jeder Tageszeitung lesen.

In den erweiterten Kreis der Level-2-Länder fallen auch solche Staaten, die erst in einigen Jahren wirklich greifbare Fortschritte in der Industrialisierung machen werden. Das ist noch eine ganze Zeit hin, aber diese Länder verfügen immerhin über ein gewisses Grundniveau, das sie von den Entwicklungsländern abhebt. Zu diesen Ländern werden beispielsweise Pakistan oder Bangladesh gehören. Diese Länder profitieren direkt von dem wirtschaftlichen Boom der Nachbarregionen. Gleichzeitig wird ihr globaler Stellenwert mit der rasant ansteigenden Bevölkerungszahl über die nächsten Jahrzehnte zunehmen. Doch derzeit sind die Wirtschaften und die Finanzmärkte so unterentwickelt, dass es sich nicht einmal lohnt, diese Länder aktuell auf die Watchlist zu setzen.

Entwicklungsland

In dieser Stufe befinden sich die Kellerkinder. Länder, die noch nicht einmal den Schritt zu einem Emerging Market gemacht haben. Also wirkliche, klassische Entwicklungsländer ohne große wirtschaftliche und politische Strukturen, von Stabilität ganz zu schweigen. Die meisten Entwicklungsländer finden Sie leider in Afrika und in Südamerika. Solche Länder sind für Investments ungeeignet, da sie meistens noch nicht einmal über einen geregelten Kapitalmarkt verfügen.

Die Rotation des Kapitals

Eine der gefährlichsten und zugleich chancenreichsten Eigenarten in der Welt der Emerging Markets ist die von mir so genannte »Rotation des Kapitals«. Wahrscheinlich ist es Ihnen schon aufgefallen: Aus dem Nichts springt plötzlich ein bisher wenig beachteter Emerging Market, wie beispielsweise Ägypten, nach oben. So schnell können Sie gar kein Loch in das Dach Ihres Hauses bohren, wie die Aktien aus diesem Land daraufhin durch die Decke schießen. Aber dann, genauso schnell wie es begonnen hat, ist es wieder vorbei. Die Börse bricht in kürzester Zeit ein, und die Kurse der noch vor wenigen Wochen heiß begehrten Aktien werden auf die Größe einer Briefmarke zusammengefaltet. Dafür boomt es plötzlich an einer Börse am anderen Ende des Globus.

Was Sie dann erlebt haben, ist die »Rotation des Kapitals«. Angetrieben wird der Run auf einen Emerging Market von dem »vagabundierenden Geld«, wie mein Börsenkollege Jochen Steffens dieses Kapital sehr treffend tituliert hat. Dieses vagabundierende Geld ist der wahre Auslöser für alle Übertreibungsphasen in Emerging-Markets-Ländern rund um den Globus. Bei dem vagabundierenden Geld handelt es sich um kurzfristig ausgerichtetes internationales Großkapital, das teilweise aus Hedgefonds kommt. Dieses vagabundierende Geld soll nicht investiert, sondern kurzfristig meist prozyklisch angelegt werden, um laufende oder beginnende Trends auszuspielen. Wenn die Party vorbei ist und der Trend zu kippen beginnt, machen die Besitzer des vagabundierenden Geldes Kasse und suchen sich die nächste Party.

Das führt nach den Exzessen steigender Kurse zu den dann folgenden crashartigen Einbrüchen, über die immer wieder in aller Dramatik im Fernsehen berichtet wird. Mit den volkswirtschaftlichen Entwicklungen dieser Länder haben diese Bewegungen meistens jedoch wenig zu tun. Vielmehr liegt es daran, dass sich kleinere Emerging Markets perfekt für die Spekulationen des vagabundierenden Geldes eignen. (Andere klassische Spielwiesen des vagabundierenden Geldes sind übrigens der Ölmarkt, der Silbermarkt und einzelne Devisen-Crossrates.)

Der Vorteil bei kleinen Emerging Markets ist, dass die Finanzkultur in diesen Ländern noch nicht sehr weit entwickelt ist und es wenige eigene Großinvestoren aus diesen Ländern gibt. Die Märkte sind oft eng und wenig liquide. Das bedeutet, dass sich solche Emerging Markets unter dem Einfluss des vagabundierende Geldes sehr schnell sehr stark nach oben oder unten bewegen. Denn diese Börsen können einem Ansturm internationalen Geldes nur durch massive Kurssteigerungen gerecht werden. Es gibt einfach nicht genug Aktien, um das plötzliche Kapital aufzunehmen.

Das ist die positive Seite. Übel wird es, wenn das vagabundierende Geld weiterzieht. Denn die landeseigenen Banken sind nicht in der Lage, den plötzlichen Kapitalabzug und die damit einsetzenden blitzartigen Kurseinbrüche mit ihren eigenen, beschränkten Mitteln aufzufangen.

Das ist der wahre Grund für die hoch volatilen Kursverläufe in den Emerging Markets. Die Performance dieser Länder hängt vom internationalen Kapital ab. Auffallend bei solchen Einbrüchen ist, dass sich die Kurse in den meisten Fällen ebenso schnell wieder erholt haben, denn es handelt sich ja um keine tief greifende Krise, sondern um Börsenspekulationen.

Das bedeutet für Sie: Die Kunst besteht darin, die Party mitzufeiern, solange Sie dauert, aber dann rechtzeitig Kasse zu machen, wenn das vagabundierende Geld den Markt verlässt. Wenn Sie dann den Ausstieg geschafft haben, verfügen sie über genügend frisches Kapital, um nach der Korrektur unten wieder einzusteigen.

Blue-Chip-Aktien im Fadenkreuz

Diese Rotationen der angesagten Emerging Markets besitzen noch einen weiteren Effekt, der für Ihre Emerging-Markets-Anlage absolut entscheidend ist. Es ist eine Eigenart der Emerging Markets, dass viele dieser niedrig kapitalisierten Börsen nur eine geringe Anzahl an großen Blue Chips besitzen, die den jeweiligen Index dominieren. Die Gründe sind relativ einfach: Viele Börsen in Emerging-Markets-Ländern sind immer noch unterentwickelt. Es gibt nur wenige privatwirtschaftliche Firmen, die bereits zu wirklich großen Unternehmen aufgestiegen sind. Die meisten Blue Chips sind daher ehemalige Staatsbetriebe, die frühzeitig privatisiert wurden. Das bedeutet aber, dass es nur wenige Werte gibt, deren Marktkapitalisierungen groß genug und deren Börsenumsätze liquide genug sind, dass internationale Fonds hier problemlos ein- und aussteigen können. Denn nur solche Aktien sind für Großanleger interessant.

Das führt dazu, dass sich Analysten primär auf die großen Titan-Werte und Blue Chips konzentrieren. Denn hierfür gibt es eine Nachfrage im Markt. Es entsteht ein Kreislauf, bei dem sich das internationale Kapital immer auf die gleichen Index-Schwergewichte fokussiert. Zumal Fondsmanager diese Schwergewichte des jeweiligen Kapitalmarktes gezielt kaufen müssen, um den Index möglichst genau nachzubilden.

Was heißt das für Sie? Wenn ein Land in der Rotation des Kapitals »neu« entdeckt wird, dann stürzen sich alle zuerst auf die großen Blue-Chip-Aktien. Denn diese Werte aus der ersten Reihe sind bekannt. Hier können die großen Investoren sofort einsteigen, da in diesen wenigen liquiden Aktien das Handelsvolumen hoch genug ist, um bei größeren Kauforders nicht sofort die Kurse explodieren zu lassen. Zudem sind diese Blue Chips bekannt. Hier verschwenden Großanleger keine Zeit, um erst einmal die neusten Analystenstudien zu durchforsten.

Die Konzentration des ausländischen Großkapitals auf die Blue Chips führt dazu, dass diese großen Emerging-Markets-Werte aus der ersten Reihe überdurchschnittliche Kurschancen aufweisen, die deutlich über dem Potenzial von westlichen Blue-Chip-Aktien liegen.

Steigen Sie schnell ein, bevor die Rotation des Kapitals in Fahrt kommt. Denn dann werden die Aktienkurse in einem wahren Investitionsrausch nach oben gepeitscht. Jeder will dabei sein. Es ist die Reise nach Jerusalem. Niemand will ohne Stuhl dastehen und ist bereit, dafür immer höhere Aktienpreise zu zahlen. Dann müssen Sie nur rechtzeitig den Absprung schaffen, worauf ich in Kapitel 7 genauer eingehe.

Die heißen Branchen

Eine weitere Eigenheit der Emerging Markets ist es, dass der Fokus auf wenigen Branchen liegt. Auch hier ist natürlich das internationale Kapital der Grund. Denn internationale Investoren sind vor allem an weit entwickelten Unternehmen interessiert, da dort das Anlagerisiko geringer ist. Diese Unternehmen kommen traditionell aber immer aus fünf großen Kernsektoren. Allerdings hängt die Rangliste der Branchen von dem individuellen Entwicklungsstand und den spezifischen Einflussfaktoren eines jeweiligen Landes ab.

1. Banken und Finanzen
2. Industrie und Bauwirtschaft
3. Versorgung und Energie
4. Telekommunikation und Internet (neu)
5. Rohstoffe und Edelmetalle
6. Konsum (neu)

Banken und Finanzen

Der klassische Emerging-Markets-Sektor überhaupt ist der Bereich »Banken und Finanzen«. Da es in den meisten Emerging Markets jedoch nur eine unterentwickelte Investmentbanking-Branche gibt, steht »Finanzen« meist für die Versicherungsbranche. Durch Käufe in diesem konservativen Bereich können Anleger mit einem reduzierten Risiko breit diversifizierte Engagements in Emerging Markets erwerben.

Denn wie in Deutschland besitzen auch die Banken und Versicherer in Emerging Markets ein breites Portfolio an Unternehmensbeteiligungen. Durch den Kauf einer Bank-Aktie werden Sie also gleichzeitig Eigentümer vieler anderer Unternehmen und Immobilien des jeweiligen Landes. Teilweise sind die Beteiligungen, die sich traditionell durch alle Branchen ziehen, sogar an Firmen, die gar nicht börsennotiert sind und an die Sie sonst nie herankämen. Hierbei handelt es sich sozusagen um die Emerging-Markets-Variante der Deutschland AG.

Zudem sitzen Sie mit dem Bankensektor beim wirtschaftlichen Aufschwung der Emerging Markets in der ersten Reihe, da Finanzinstitute in

Aufschwungsphasen wirtschaftshistorisch zu den großen Gewinnern zählen. Denn mit wachsender Wirtschaft werden immer mehr Kredite aufgenommen, und die Menschen erhalten mit steigendem Wohlstand immer mehr Kapital, das durch Bankleistungen angelegt werden soll.

Allerdings ist das auch die Achillesferse des Finanzsektors. Denn in Zeiten wirtschaftlicher Instabilität kommt es gerade in Emerging Markets immer wieder zu massiven Kreditausfällen (so genannten faulen Krediten), die schon so manche Bank eines Emerging Markets in den Ruin getrieben haben.

Industrie und Bauwirtschaft

Aufgrund solcher branchenspezifischen Risiken dürfen Sie als Emerging-Markets-Anleger niemals nur auf eine Branche setzen. Ein weiterer Standardsektor ist die Industrie und dabei besonders die aussichtsreiche Baubranche. Während die Baubranche hierzulande in einer schweren Krise steckt, boomt der Sektor in den Emerging Markets. Dies gilt besonders für Emerging Markets, die noch unterentwickelt sind. Denn hier ist der Baubedarf riesig, da er gleich von drei Seiten kommt: Die privaten Haushalte können es sich durch den wirtschaftlichen Aufschwung langsam leisten, ein eigenes Haus zu bauen. Gleichzeitig fordert die Industrie ständig neue Gebäude, Lagerhallen und Produktionsstädten. Dazu kommt dann noch die Politik, die durch den Ausbau der Infrastruktur, von Autobahnen bis Hafenanlagen, den wirtschaftlichen Aufschwung fördert. Ein sehr aussichtsreicher Mix, der die Baubranche gerade in unterentwickelten Emerging Markets zu einem aussichtsreichen Investment macht.

Versorgung und Energie

Aber gerade wenn Sie in Branchen investieren, die traditionell von den Zyklen eines Wirtschaftsaufschwungs besonders profitieren, ist es wichtig, einen Gegenpol aufzubauen, der das Risiko abfedert. Keine Branche eignet sich dafür so gut wie der defensive »Verbraucher und Energie«-Sektor. Denn Strom, Wasser und Heizöl werden immer gebraucht. Gleichzeitig haben Firmen aus diesem Sektor aber einen hohen Gewinnhebel in Zeiten wirtschaftlicher Aufschwünge, da die Energienachfrage aus der Industrie deutlich ansteigt. So leidet China durch sein ultrahohes Wirtschaftswachstum schon seit einigen Jahren unter einem massiven Energiemangel, der sich dramatisch ausweitet. Da stehen der Versorgerbranche natürlich goldene Zeiten bevor.

Telekommunikation und Internet (neu)

Ein besonders spannender defensiver Sektor ist die Telekommunikation. Diese Branche war historisch schon immer einer der Lieblinge von Fondsmanagern, da die Telekommunikation als einer der ersten Sektoren von den Regierungen vieler Emerging Markets privatisiert wurde. Für die Länder war es ein eleganter Weg, um sich ausländisches Kapital für die Modernisierung und den Ausbau der Telekomnetze zu besorgen.

Telekommunikation ist ein klassischer defensiver Sektor, da immer telefoniert wird. Hier finden Sie teilweise noch zweistellige Wachstumsraten im Festnetzbereich. Aber die wirkliche Rakete ist der Boom des Mobilfunks. Selbst in vielen großen Emerging Markets, wie Indien, befindet sich der Mobilfunk noch auf einem Stand, der dem in Deutschland von etwa 1992 entspricht. Derzeit haben gerade mal sechs von 100 Indern ein Handy! Das nenne ich Wachstumspotenzial. Dabei besitzen Länder wie China oder Indien aufgrund der höheren Einwohnerzahlen natürlich ein deutlich höheres Absatzpotenzial, als es in Deutschland je der Fall war. In den meisten Emerging Markets steht der eigentliche Mobilfunkboom also noch bevor ...

Rohstoffe

... ein Boom, wie ihn die Emerging Markets bereits bei den Rohstoffen erleben. Auch wenn die meisten Emerging Markets bisher auf dem Weltmarkt keine dominierende Rolle einnehmen. Über eine Ware verfügen fast alle Emerging Markets, die absolut konkurrenzfähig ist: Rohstoffe. Denn die besitzen viele Emerging Markets im Überfluss, da diese aufgrund des niedrigen Industrialisierungsniveaus noch nicht ausgebeutet wurden. Für etliche Emerging Markets sind die Bodenschätze der Reichtum ihrer Länder.

Als Exportschlager schlechthin spielen sie eine zentrale Rolle im wirtschaftlichen Aufschwung. Da wundert es nicht, dass der Löwenanteil der Emerging-Markets-Unternehmen, die auf dem globalen Wirtschaftsparkett wirklich etwas zu sagen haben, aus dem Rohstoff-Sektor kommen. Unternehmen wie die russische Norilsk Nickel, der weltgrößte Nickelproduzent, oder die chilenische Corporacion Nacional del Cobre, die weltweite Nummer eins im Kupfermarkt, sind nur die Speerspitze einer ganzen Reihe von Emerging-Markets-Firmen, die auf dem Weltmarkt zu den Titanen ihrer Branchen gehören.

Deshalb dürfen Rohstoff-Aktien aus einzelnen Emerging Markets in keinem Depot fehlen. Mit dem laufenden Bullenmarkt im Rohstoffsektor ist diese Branche daher wirklich außerordentlich spannend.

Konsum

Neu dazugekommen sind in den letzten Jahren der Sektor »Konsum« und der Untersektor »Internet«. Besonders der Konsum ist ein ganz neuer Trend, den Sie unbedingt beachten müssen. Denn nach meiner Meinung handelt es sich hierbei um einen elementaren Wechsel in der Branchenanlage bei Emerging Markets. Dieser Wechsel wird in einigen Emerging-Markets-Ländern die neue Grundlage für Ihre Gewinne bilden. Dabei ist diese sehr bedeutende Entwicklung, die bisher vor allem den asiatischen Raum betrifft, von der Masse der Anleger in ihrer ganzen Bedeutung noch überhaupt nicht richtig erkannt worden.

Tatsächlich untergewichten immer mehr institutionelle Fondsmanager und Großanleger sowie Emerging-Markets-Experten den bisherigen Lieblingssektor »Export«. Aber warum, wo wir doch täglich überall davon lesen und hören, dass asiatische Produkte, vor allem aus China, die Märkte überschwemmen?

Nun, die Asiaten exportieren zwar wie geisteskrank, das stimmt. Zudem sind die Lohn- und Produktionskosten extrem niedrig, das stimmt auch. Aber durch den innerasiatischen Konkurrenzkampf unter den einzelnen Ländern sind die Preise für die Exportwaren ebenfalls extrem niedrig, was trotz der niedrigen Produktionskosten nur sehr geringe Gewinnmargen ermöglicht. Doch diese ohnehin engen Margen werden durch steigende Rohstoffpreise immer weiter belastet. Wenn sich das weltweite Wirtschaftswachstum, vor allem in den Industrieländern, in Zukunft auch noch abschwächen sollte, steht die Exportbranche vor Problemen.

Stattdessen setzen die Emerging-Markets-Insider jetzt auf die neue Konsumbranche. Die Gründe sprechen ganz klar für eine goldene Zukunft dieses neuen Kernsektors: Durch den wirtschaftlichen Aufstieg der Emerging Markets steigen die Gehälter und damit die Kaufkraft der Bevölkerung. Hier finden Sie also eine rapide steigende Nachfrage vor. Und das Beste: Dieser Trend steht erst am Anfang und wird über Jahrzehnte anhalten.

Denn die Bevölkerung in den Emerging Markets ist extrem jung und kommt in den nächsten Jahrzehnten erst in die Altergruppen, in denen der private Konsum seine Höchstphasen erreicht. Ich persönlich bin der Meinung, dass dieser neue Konsumtrend, mit Ausnahme des Rohstoffthemas »Wasserversorgung«, der Megatrend in den Emerging Markets sein wird. Diese jungen, nachrückenden Generationen sind geprägt durch Sattelitenfernsehen und Internet. Sie geben sich nicht mehr mit einem Schwarzweiß-Fernseher mit wackelndem Antennenbild oder einem klapprigen Fahrrad zufrieden. Diese Generation sieht, was es alles gibt und was im Westen möglich ist – und sie will auch ein Auto, einen eigenen PC und modische Gucci-Kleidung.

Das ist nicht neu. Was aber neu ist: Erstmals erlangen diese heranwachsenden Generationen nach und nach die Ausbildung und die Gehälter, um ihre Träume in die Realität umzusetzen. Von der neuen Boombranche Konsum werden übrigens auch andere Kernbranchen wie »Banken und Finanzen« oder »Telekommunikation« massiv profitieren.

High-Tech

Andere Sektoren außerhalb dieser Kernsektoren, allen voran die Hochtechnologie oder Branchen wie Biotech und Nanotech, die an westlichen Börsen sehr populär sind, spielen an den meisten Emerging Markets weitestgehend noch keine Rolle. Da die Bedeutung der Hochtechnologie für eine Wirtschaft eine gute Messlatte für den Entwicklungsstand eines Landes ist, sehen Sie, wie viel Potenzial in den kommenden Jahren in den meisten Emerging Markets steckt.

Die Ausnahmen bilden die High-Tech-Länder Südkorea, Taiwan oder Singapur, die vor allem für ihre dominierende Rolle im Halbleitersektor bekannt sind. Von weltweit relevanter Bedeutung sind auch noch die indische Pharma- und Biotechbranche (hier vor allem der Generikabereich) und der israelische High-Tech-Sektor, der sich nicht auf Emerging-Markets-Level bewegt, sondern USA-Niveau besitzt und damit teilweise sogar innovativer und technologisch fortschrittlicher ist als die deutsche Technologiebranche.

Internet

Damit kommen wir zum Internet-Sektor. Nicht erst seit dem sensationellen Börsengang von Baidu.com, der chinesischen Google, sind Anleger ganz heiß auf diese Branche. Das ist durchaus berechtigt. Das Internet ist zwar fraglos ein heißer Wachstumsmarkt. Aber aktuell ist diese Branche in den Emerging Markets, vor allem im B2C-Bereich, viel zu unbedeutend, um als eigener Kernsektor angesehen zu werden.

Die folgenden Zahlen sagen alles: In Südamerika kommen über 80 % aller Internetnutzer aus Mexiko. Das ist verständlich, schließlich ist Mexiko durch seine Nähe zu den USA und die zahlreichen Mexikaner, die zu einem Zeitpunkt in den USA gelebt oder gearbeitet haben (oder mal eben illegal über den Zaun geklettert sind, um sich eine Cola zu holen), ein weit entwickelter Emerging Market mit einem hohen technologischen Stand. In den Jahren 2000 bis 2005 ist die Zahl der mexikanischen Internetnutzer um über 350 % explodiert. Unter dem Sombrero ist also richtiger technologischer Fortschritt zu beobachten. Trotzdem liegt der Prozentanteil der Internetnutzer in Mexiko gerade einmal bei 11,8 % der Gesamtbevölkerung. Wenn die Durchdringung in einem technologisch so fortschrittlichen Emerging Market wie Mexiko schon so niedrig ist, dann können Sie sich ja vorstellen, wie es in Ägypten, Indonesien oder der Ukraine aussieht.

Fluch und Segen – die Wechselkursrisiken

Ein ganz wichtiges Thema bei jedem Investment in Emerging Markets sind die Wechselkurse der unterschiedlichen Landeswährungen gegenüber dem Euro oder dem USD. Denn die Währungen von Emerging Markets schwanken aufgrund der labilen volkswirtschaftlichen und politischen Entwicklungen deutlich stärker als die Währungen der stabileren Industrienationen. Dieser Bereich wird gerade von Privatanlegern völlig vernachlässig. Dabei spielt er bei der Performance Ihres Emerging-Markets-Depots eine ganz entscheidende Rolle.

Denn die starken Devisenschwankungen haben große Auswirkungen auf die Wertentwicklung Ihrer Anlagen. Sowohl im Positiven als auch im Negativen. Denn wenn die Landeswährung einer Aktie steigt, dann erhalten Sie zusätzlich zu der Performance der Aktie auch noch satte Währungsgewinne obendrauf.

Warum? Nun, Sie legen Ihr Geld im Ausland an. Das heißt, Sie kaufen mit Euro eine Aktie aus einem fremden Land mit dessen fremder Landeswährung. Wenn Sie die Aktie wieder verkaufen, wird der Erlös aus der Landeswährung wieder in Euro umgerechnet und erst dann auf Ihrem Konto gutgeschrieben. Das ist übrigens auch der Fall, wenn Sie eine ausländische Aktie in Deutschland in Euro kaufen. Denn hier wird der Wechselkurs zwischen Euro und Währung direkt in den Kurs der Aktie eingerechnet. Ich will Ihnen dieses Zusammenspiel an einem fiktiven Beispiel verdeutlichen:

Sie kaufen die Aktie des thailändischen Zementherstellers Siam Cement. Die Aktie notiert an der Börse in Bangkok bei 250 Baht (thailändische Währung). Gut, von solchen Kursen träumen Siam-Cement-Anleger nachts, aber für unser illustrierendes Beispiel ist das in Ordnung. Am Devisenmarkt kriegen sie für einen Euro 50 Baht (ja, in Thailand ist der Euro noch was wert). Das bedeutet also, dass die Aktie von Siam Cement umgerechnet 5,00 Euro kostet. Im nächsten halben Jahr passiert nichts. Die Aktie notiert in Bangkok weiterhin bei 250 Baht, als wäre sie selbst in ihren eigenen Zement gegossen. Aber am Devisenmarkt ging es richtig ab. Die thailändische Wirtschaft boomte, während es in Europa enttäuschende Wirtschaftsdaten gab. Daraufhin ist der Baht gestiegen, und am Devisenmarkt kriegen Sie für einen Euro nur noch 40 Baht (da ist unser Euro wohl doch nicht mehr so viel wert). Das bedeutet aber, dass die Siam-Aktie jetzt umgerechnet 6,25 Euro kostet (250:40). Sie haben schöne 25,0 % aus Währungsgewinnen gemacht, obwohl sich der Aktienkurs um keinen Cent bewegt hat.

Das klingt ja erst mal toll, aber leider funktioniert es auch in die andere Richtung. Denn wenn die Währung fällt, erleiden Sie Währungsverluste:

Sie kaufen die Aktie des thailändischen Zementherstellers Siam Cement. Die Aktie notiert an der Börse in Bangkok bei 250 Baht, und das Wechselkursverhältnis steht bei einem Euro zu 50 Baht. Sie zahlen also 5,00 Euro pro Siam-Cement-Aktie. Soweit ist alles wie gehabt. Aber im nächsten halben Jahr passiert richtig viel. Die thailändische Regierung startet ein milliardenschweres Programm zum Ausbau der maroden Infrastruktur. Und bei Siam Cement regnet es danach Großaufträge der Baufirmen. Die Aktie steigt in Bangkok auf 400 Baht. Ein sensationeller Anstieg um +60 % in sechs Monaten. So etwas gibt es wirklich nur in Emerging

Markets. Nicht so sensationell sieht es aber am Devisenmarkt aus. Politische Unruhen in einigen Provinzen und Skandale innerhalb der Regierungspartei haben die Landeswährung massiv unter Druck gebracht. Gerüchte über einen möglichen Rebellenaufstand machen die Runde. Daraufhin fällt der Baht, und für einen Euro kriegen Sie nun 100 Baht. Und das bedeutet: Die Siam-Aktie kostet jetzt umgerechnet nur noch 4,00 Euro. Sie haben also einen Verlust von –20,0 % gemacht, obwohl die Aktie in Wirklichkeit um + 60 % gestiegen ist.

Jetzt wenden vielleicht einige von Ihnen ein, dass ein Währungsverlust von 50 % in sechs Monaten (wie in dem zweiten fiktiven Beispiel vorausgesetzt) ein irreales Szenario darstellt. Aber genau das ist in Emerging Markets eben nicht der Fall. So fiel unser neuer Freund, der thailändische Bath, im Zuge der Asien-Krise 1997 in nur zwei Stunden um sage und schreibe 20 %! Während der »Wodka-Krise« im August 1998 stürzte der russische Rubel um fast 85 % ab, und der brasilianische Real brach 2001 um mehr als 70 % ein. Es gibt kaum einen Emerging Market, der aufgrund von wirtschaftlichen oder politischen Krisen in den letzten 15 Jahren nicht einen Währungseinbruch von mindestens –50 % erlebt hat.

Sie sehen, bei Emerging Markets sind extreme Währungsausschläge immer wieder zu beobachten. Es gibt allerdings eine Ausnahme, die vor allem bei noch unterentwickelten Emerging Markets verbreitet ist. Hierbei handelt es sich um so genannte »fest gekoppelte Wechselkurse«. Dabei wird die Landeswährung auf Regierungsgeheiß mit einem festen Wechselkursverhältnis, bzw. in einem vorher festgelegten Schwankungskorridor, an eine andere Währung – fast immer ist es der USD als Weltwährung Nummer eins – gekoppelt. Das bedeutet für Sie: Es gibt keine Wechselkursschwankungen. Das bekannteste Beispiel für gekoppelte Wechselkurse ist China, dessen Währung Yuan seit 1995 an den USD gekoppelt ist. Allerdings ist es nur noch eine Frage der Zeit, bis diese Kopplung aufgehoben wird, was in einem steigenden Yuan resultieren wird. Die Idee hinter den gekoppelten Wechselkursen war, internationalen Anlegern Stabilität und Sicherheit im Devisensektor zu bieten und sie so zu Investitionen in Emerging Markets zu bewegen. Aber seit den schweren Krisen der Neunziger, als sich immer mehr Staaten in Asien und Südamerika gezwungen sahen, die festgesetzten Bindungen aufzugeben, entwickeln sich gekoppelte Wechselkurse immer mehr zu einem Auslaufmodell.

Doch freie Wechselkurse bedeutet für jeden Emerging-Markets-Anleger, dass er die Währungen immer beobachten muss. Dafür bietet es sich an, jeden Tag die aktuellen Devisenkurse der großen Emerging Markets und der Länder, in denen Sie investiert sind, zu checken. Sie brauchen jetzt nicht jede Bananenwährung auswendig zu lernen, aber bei den Währungen der großen Level-1-Emerging Markets sollten Sie immer auf dem Laufenden sein. Wenn Sie das eine gewisse Zeit gemacht haben, werden Sie sehen, dass Sie auch ein Gefühl für die Wechselkursschwankungen entwickeln und die jüngsten Entwicklungen besser in die Gesamtentwicklung der Länder einordnen können.

Aber was bewegt die Währungen? Nun, auf einen einfachen Nenner gebracht ist eine Währung der Index eines ganzen Landes. Denn alle volkswirtschaftlichen Fakten werden in den Kurs der Währung eingearbeitet. Boomt also die Wirtschaft eines Landes, dann steigt die Währung gegenüber den Währungen anderer Länder, die wirtschaftliche Probleme aufweisen.

Damit ist klar: Daten über die Verfassung der Wirtschaft eines Landes sind die entscheidenden Impulsgeber für die Währungsentwicklung. Einen guten Leitfaden über den Zustand der verschiedenen Emerging Markets bieten die Bonitätsrankings von Rating-Agenturen wie Standard & Poor's oder Moody's. Dabei gilt: Je höher das Ranking, desto stabiler schätzen die Rating-Experten die Verfassung der jeweiligen Wirtschaft ein.

Bei Emerging Markets kommt jedoch auch eine wichtige politische Komponente hinzu, die aufgrund der Stabilität der Demokratie an westlichen Börsen weitgehend inexistent ist: Es geht um das Ansehen der Landesregierungen bei internationalen Investoren. Genießt ein Präsident in der Finanzbranche hohes Vertrauen, z.B. durch konsequenten Schuldenabbau oder marktwirtschaftliche Reformen, wirkt sich das stabilisierend auf die Landeswährung aus.

Seit einigen Jahren zeichnet sich am Devisenmarkt eine hoch spannende Entwicklung ab: Die Währungen der Emerging Markets erfahren an breiter Front eine Aufwertung gegenüber dem USD, der immer noch Weltwährung Nummer eins ist. Das ist logisch: Die USA leiden unter dem Kreuz des Zwillingsdefizits und der exorbitanten Verschuldung der privaten Haushalte. Gleichzeitig boomen die Emerging Markets und machen

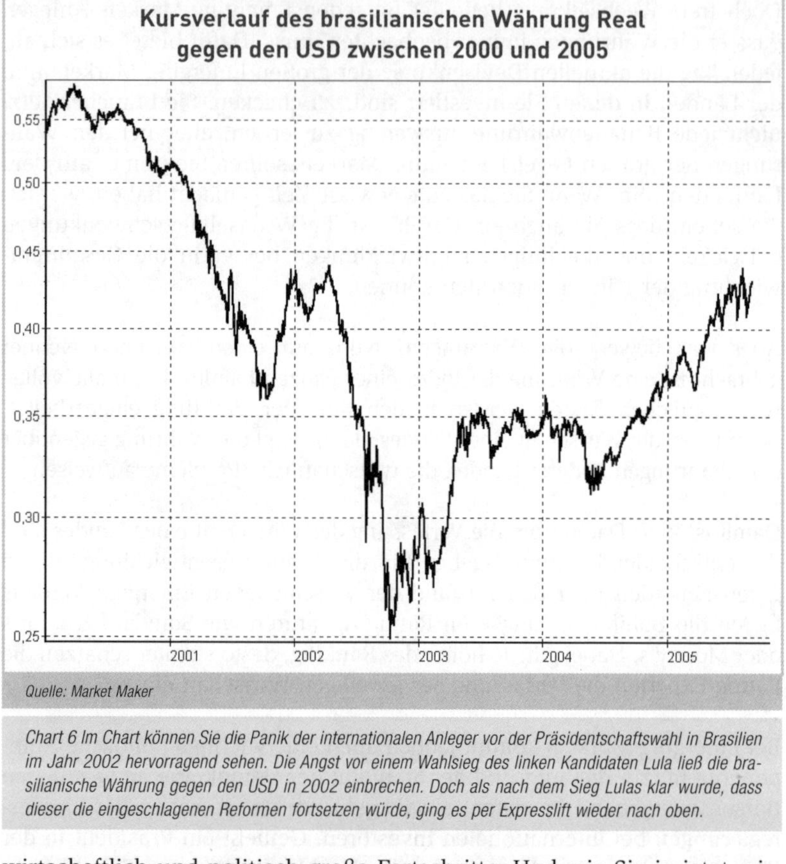

Quelle: Market Maker

Chart 6 Im Chart können Sie die Panik der internationalen Anleger vor der Präsidentschaftswahl in Brasilien im Jahr 2002 hervorragend sehen. Die Angst vor einem Wahlsieg des linken Kandidaten Lula ließ die brasilianische Währung gegen den USD in 2002 einbrechen. Doch als nach dem Sieg Lulas klar wurde, dass dieser die eingeschlagenen Reformen fortsetzen würde, ging es per Expresslift wieder nach oben.

wirtschaftlich und politisch große Fortschritte. Und wie Sie ja jetzt wissen, spiegelt sich eine solche Stabilität in der Währung wider.

Daher ist davon auszugehen, dass viele Emerging-Markets-Währungen, wenn auch unter heftigen Schwankungen, langfristig gegenüber den Problemwährungen USD und Euro ansteigen werden. Für Sie als Emerging-Markets-Anleger bedeutet das: Sie werden in den kommenden Jahren sogar die Chance auf doppelte Kursgewinne aus Aktien- und Wechselkursen haben. Auch am Devisenmarkt zeigt sich schon die neue weltweite Zeitrechnung.

simplified

4 Die wichtigsten Emerging Markets

Eines dürfte Ihnen schon jetzt klar geworden sein: Sie müssen sich über die Situation der Emerging Markets ein umfassendes Bild machen, bevor Sie investieren. Einen sehr guten Überblick über die allgemeine Stimmung an den Börsen für die Emerging Markets bietet Ihnen der Emerging-Markets-Index »MSCI Emerging Markets Free Index«, kurz »MSCI EMF« genannt. Denn der MSCI EMF, der über 600 Aktien umfasst, setzt sich aus den wichtigsten Emerging Markets der Welt zusammen. Daher gilt der Index für viele Fonds, vor allem Globale Aktienfonds, als Benchmark (dazu mehr in Kapitel 5).

Allerdings bietet der MSCI Emerging Markets Free Index nur einen allgemeinen Überblick. Er eignet sich als gute Informationsquelle für Anleger, deren globale Fonds oder Zertifikate alle Emerging Markets abdecken.

Deutschland	
Größe:	357.022 qkm
Bevölkerungsanzahl:	83 Mio.
Hauptstadt:	Berlin
Währung:	Euro (leider ...)
Börsenplatz:	Deutsche Börse
Leitindex:	DAX
Leistungsbilanz 2004:	+ 103,3 Mrd. USD*
BIP 2004:	+ 2,67 Bil. USD*
BIP pro Kopf 2004:	28.700 USD*
BIP-Wachstum 2004:	1,6 %
BIP-Wachstum 2005:	1,0 % (p = prognostiziert)
BIP-Wachstum 2006:	1,7 % (p)
Arbeitslosenquote:	10,6 %
Inflationsrate:	1,6 %

Quellen: Deutsche Bank Research, Allianz/Dresdner Bank Research, Goldman Sachs Research

** Umgerechnet von Euro mit einem Wechselkurs von 1,230 USD.*

Wenn Sie jedoch auf bestimmte Regionen oder Einzelländer setzen wollen, dann müssen Sie dafür in einem nächsten Schritt die einzelnen Emerging Markets analysieren. Im Folgenden stelle ich Ihnen deshalb die wichtigsten Länder und Regionen in einem kurzen Portrait vor. Damit Sie die folgenden volkswirtschaftlichen Zahlen richtig einordnen können, zeigt Ihnen die Tabelle auf Seite 63 die wichtigsten Eckdaten zur deutschen Wirtschaft.

China

Der schlafende Drache ist aufgewacht. Und er hat mächtigen Hunger. Hunger nach der Rolle der Weltmacht von morgen. Innerhalb von nur wenigen Jahren hat sich das Reich der Mitte zur Lokomotive der Weltkonjunktur aufgeschwungen. Inzwischen ist das bevölkerungsreichste Land der Erde hinter Japan die zweitgrößte Volkswirtschaft Asiens und auf dem klaren Weg, eine wirtschaftliche Supermacht zu werden.

Was Chinas Wirtschaft für den Westen so gefährlich macht, sind nicht die niedrigen Preise. Chinesische Produkte waren auf den Weltmärkten schon immer extrem günstig. Aber in der Vergangenheit waren diese Produkte von minderer Qualität und daher in den verwöhnten Industriestaaten nicht konkurrenzfähig. Doch dieses Bild hat sich komplett gedreht. In vielen Wirtschaftsbereichen sind chinesische Produkte heute den Produkten europäischer oder amerikanischer Firmen qualitativ ebenbürtig. Aber eben trotzdem billig. Eine explosive Mischung für die boomende chinesische Exportwirtschaft.

Daher ist China auch der Emerging Market schlechthin. Kein Wunder, dass die Direktinvestitionen in 2004 auf mächtige 60,6 Mrd. USD anstiegen. Aber die Erkenntnis das China ein Markt der Zukunft wird, ist nun wahrlich kein Geheimnis mehr. Jeder Taxifahrer wird Ihnen inzwischen erzählen, dass in China die Zukunft liegt. Das ist erst einmal schlecht. Denn wenn Sie irgendetwas aus dem Platzen der Neuer-Markt-Blase gelernt haben, dann bitte Folgendes: Wenn selbst die Verkäuferin hinter der Wursttheke Ihnen zwischen zwei Scheiben Parmaschinken den neuesten Aktien-Geheimtipp zuflüstert, dann ist es Zeit auszusteigen.

China	
Größe:	9,59 Mio. qkm
Bevölkerungsanzahl:	1,29 Mrd.
Hauptstadt:	Beijing (früher Peking)
Währung:	Yuan bzw. Renmimbi
Börsenplatz:	Hongkong Stock Exchange
Leitindex:	Hang Seng
Leistungsbilanz 2004:	+ 53,0 Mrd. USD
BIP 2004:	+ 2,67 Bil. USD
BIP pro Kopf 2004:	1.279 USD
BIP-Wachstum 2004:	9,5 %
BIP-Wachstum 2005:	9,0 % (p)
BIP-Wachstum 2006:	8,8 % (p)
Arbeitslosenquote:	8,5 %
Inflationsrate:	3,9 %

Quellen: Deutsche Bank Research, Allianz/Dresdner Bank Research, Auswärtiges Amt Wirtschaftsdaten, Goldman Sachs Research

Tatsächlich haben die ersten zwei Stufen der Chinarakete schon gezündet. Die erste Stufe erfolgte Anfang der Neunziger, als die chinesische Regierung die Börsen in Shanghai und Shenzhen öffnete. Das war sozusagen das Aufwachen des roten Riesen, was allerdings in einer platzenden Spekulationsblase, die primär durch chinesische Anleger getrieben wurde, endete. Die zweite Stufe startete dann Anfang dieses Jahrtausends. Dieses Mal basierte sie auf der ersten großen Entdeckungswelle durch eine breitere Masse ausländischer Investoren. Aber jede Rakete hat bekanntlich mehrere Antriebsstufen. Und das ist in China genauso. Hier wird in den kommenden Jahren noch viel Geld zu verdienen sein.

Denn China wird die USA in zehn bis 15 Jahren als Wirtschaftsmacht Nummer eins ablösen. Inzwischen ist das Reich der Mitte schon zum größten Handelspartner Japans und auch Südkoreas aufgestiegen, noch vor den USA oder Europa. Schon heute importieren die USA mehr Waren aus China als aus Japan. Für die USA ist China inzwischen schon der drittgrößte Handelspartner. Für die EU ist China sogar schon zur Nummer zwei aufgestiegen. In 2004 kamen satte 12 % aller EU-Importe aus dem Reich der Mitte. Beeindruckend für ein Land, das sich erst Mitte der Siebziger von der kommunistischen Planwirtschaft abwandte. Damals legte Deng Xiaoping den Grundstein für einen kontrollierten Wandel zu einer sozialistischen Marktwirtschaft.

Diese schrittweise Öffnung Chinas zur freien Marktwirtschaft steht im völligen Gegensatz zum Ansatz der osteuropäischen Staaten, die statt schleichender Reformen den roten Stern und alles, was dazugehört, mit einem radikalen Rundumschlag abschafften. Aber der wirtschaftliche Erfolg gibt Mao Zedongs Erben zumindest bis heute Recht.

In den letzten 20 Jahren ist Chinas Wirtschaft um durchschnittlich 7,0 % gewachsen. So klettert China auf der Rangliste der größten globalen Volkswirtschaften unaufhaltsam immer weiter nach oben. Aktuell ist man schon die Nummer sechs! Innerhalb der nächsten vier Jahre wird China Deutschland überholen. (Einige Jahre danach wird übrigens auch Indien an uns vorbeiziehen.) Trotzdem ist das Reich der Mitte erst zu einem geringen Anteil industrialisiert. Das künftige Potenzial ist gewaltig.

Allerdings sind auch die Risiken nicht zu unterschätzen. Neben einem unausgereiften Finanzsektor und einer immer noch unterdurchschnittlichen Infrastruktur besteht das unmittelbare Hauptrisiko in einer heftigen Abkühlung des Wirtschaftswachstums und einem »Hard Landing« der chinesischen Wirtschaft. Allerdings wurden alle Unkenrufe der »Experten«, die einen Einbruch des Wirtschaftsbooms voraussahen, bis jetzt bitter enttäuscht. Tatsächlich erwartet die chinesische Regierung für 2005 schon wieder ein Wirtschaftswachstum von 9,0 %. Und das könnte sich auch als zu konservativ herausstellen, denn in der ersten Jahreshälfte wuchs Chinas Wirtschaft schon wieder um 9,5 %. Die derzeitige Jahreserwartung von 9,0 % liegt übrigens sogar über den ursprünglichen Erwartungen aus Beijing, wo man Anfang des Jahres mit einem Wachstum von 8,5 % gerechnet hatte.

Es wird natürlich zu einer Abkühlung kommen, aber seien wir mal ehrlich: Selbst ein Rückgang auf 8,5 % ist immer noch eine sensationelle Traumrate. In Deutschland können wir schon froh sein, wenn wir 1,85 % in 2005 schaffen. Für die nächsten Jahre rechnen Ökonomen weiterhin mit einem konstant hohen Wachstum zwischen 7 und 8 %.

Die entscheidende Frage ist nur, ob eine »Abkühlung« von 9,5 % auf 7,5 % zwangsläufig zu einem schlechten »Hard Landing« führen muss.

Dagegen unternimmt die chinesische Regierung richtige Schritte, um das Wachstum in kontrollierbare Bahnen zu lenken und vor einer völligen Überdrehung zu bewahren. So hat Peking bereits eingegriffen, um die explodierenden Investitionen, primär im Bereich der Direktinvestitionen, zu reduzieren. Das Gleiche gilt für den Bereich Gewerbeimmobilien, wo inzwischen deutlich restriktivere Baugenehmigungen zu einer kontrollierten Verlangsamung führen. Zudem wurden die Zinsen leicht erhöht, um die Kreditnachfrage zu senken. Schritte wie diese – und es werden noch mehr folgen – zeigen, dass die chinesische Regierung hier mit einer erfreulichen Besonnenheit und Vorsicht agiert, um keine Implosion auszulösen und ein »Soft Landing« zu ermöglichen. Doch das Risiko eines »Hard Landing« und einer folgenden Rezession besteht ohne Frage, zumal es in China bei den chronisch unterkapitalisierten Banken eine hohe Quote an faulen Krediten gibt.

Ich sehe noch weitere Gefahren aus zwei anderen Richtungen kommen: Das sind zum einen die steigenden Rohstoffpreise, die sich auf die Gewinne der chinesischen Unternehmen niederschlagen werden. Zum anderen entwickelt sich China immer mehr zu einer Konsumgesellschaft, ähnlich wie in den USA. Viele denken bei den chinesischen Billigprodukten zuerst an eine reine Exportwirtschaft, aber in Wahrheit sind die Konsumentenausgaben der Chinesen inzwischen für die Hälfte des Wirtschaftswachstums verantwortlich. Das ist einer der Gründe, warum Investoren das Reich der Mitte so lieben. Oder genauer gesagt: die 1,3 Mrd. Gründe. Und bei diesen Zahlen sind wahrscheinlich einige 100.000 Chinesen »übersehen« worden, so viele Bürger hat dieses Land.

Hier schließt sich der Kreis zum ersten Punkt: Wenn die Geschäftsentwicklung der Unternehmen durch die wachsenden Rohstoffpreise Schieflage bekommt, werden die Manager diese Kosten über Einsparungen wieder ausgleichen. Und das bedeutet mindestens stagnierende Einkommen oder sogar Entlassungen, wie wir es ja leider aktuell seit Jahren in Deutschland erleben. Das wird aber dazu führen, dass die Chinesen weniger Geld für den Konsum ausgeben, was dann die wirkliche Gefahr für das chinesische Wirtschaftswachstum darstellt. Denn der Export befindet sich ohnehin schon in harten Preiskämpfen mit anderen Niedriglohnländern wie Indien oder Vietnam.

Zudem sollten Sie zwei makroökonomische Risiken unbedingt im Auge behalten, die vielfach noch völlig übersehen werden:

1. Innerhalb Chinas herrscht ein großes soziales Ungleichgewicht zwischen Arm und Reich. Denn der Wirtschaftsaufschwung hat längst noch nicht alle Menschen erfasst. Das gilt besonders für den großen Landwirtschaftssektor, an dem der Aufschwung weitgehend vorübergegangen ist. Hier entsteht ein Konfliktpotenzial für mögliche gesellschaftliche Unruhen, das nicht unterschätzt werden sollte.

2. Trotz Wirtschaftsaufschwung und Sommerolympiade – China ist immer noch ein kommunistisches Land mit einer kommunistischen Machtelite. Die Politiker waren klug genug, nicht den gleichen Fehler wie Russland zu machen. Aber bis jetzt gibt es in der Geschichte keinen Beweis dafür, dass eine Transformation von einer kommunistischen Planwirtschaft zu einer marktwirtschaftlichen Gesellschaft und der Spagat zu der kommunistischen Gesellschaftsstruktur ohne schwere wirtschaftliche oder gesellschaftliche Krisen erfolgreich durchgeführt werden können.

Kommen wir damit zu einem Punkt, der für internationale Anleger wie Sie zwar kein Risiko darstellt, aber zweifellos problematisch ist: der extrem komplexe chinesische Kapitalmarkt. Ich will diesen wichtigen und zugleich undurchsichtigen Bereich ganz »simplified« angehen. Fangen wir mit den Börsen an. In China gibt es drei dominierende Börsen: die historische Shanghai Stock Exchange, die neue, 1991 gegründete Shenzhen Stock Exchange und die Hongkong Stock Exchange. Deshalb sehen Sie auch immer wieder völlig unterschiedliche Charts über den chinesischen Aktienmarkt, denn verschiedene Autoren haben jeweils verschiedene Indizes der unterschiedlichen Börsen als Grundlage ihrer Argumentationen genommen.

Der entscheidende Punkt für Sie ist: Die Börsen Shanghai und Shenzhen sind chinesischen Anlegern vorbehalten. Ausländische Investoren können hier so gut wie gar nicht aktiv werden. Deshalb ist für Sie als internationaler Anleger Hongkong der Börsenplatz Nummer eins. Hier trifft sich das Anlegerkapital aus der ganzen Welt, denn in Hongkong können Sie chinesische Aktien problemlos handeln. Der wichtigste Index für internationale Investoren ist daher der seit 1969 berechnete Hang Seng Index (HSI).

Zudem besitzt die Hongkong Stock Exchange von allen drei Börsen auch die anspruchvollsten Listingauflagen, was eine hohe Qualität der dort gehandelten Unternehmen sicherstellt. Deshalb sind die dort gelisteten Firmen aufgrund der Hongkonger Bilanzierungsregeln einfacher und seriöser zu analysieren. Aber egal, ob Shanghai, Shenzhen oder Hongkong – der chinesische Aktienhandel ist immer noch von einer extrem starken Kontrolle des Staates geprägt. So ist lediglich ein Drittel aller Wertpapiere zum Handel freigegeben.

Damit sind wir schon beim nächsten Punkt, der bei Privatanlegern immer wieder zu Konfusion führt: die chinesischen Aktien. Wie Sie wissen, wird der Kapitalmarkt von der kommunistischen Regierung immer noch stark reglementiert, um den Geldfluss in das Land, aber vor allem aus dem Land, zu überwachen. Das hat dazu geführt, dass es eine ganze Anzahl verschiedener Aktiengattungen gibt, die jeweils nur bestimmten Anlegergruppen geöffnet sind.

Diese unterschiedlichen Gattungen lernen Sie jetzt kennen. Da die einzelnen Gattungen durch unterschiedliche Anfangsbuchstaben gekennzeichnet sind, spricht man in Emerging-Markets-Kreisen auch vom »chinesischen Aktienalphabet«:

1. A-Aktien: Der Großteil der chinesischen Aktien (ca. 1.400) fällt in diese Kategorie. Bei den hier gelisteten Firmen handelt es sich um Unternehmen, deren Firmensitz und Geschäftsfeld in der PRC (People Republic of China), also auf dem chinesischen Festland, liegen. Bis vor zwei Jahren war es nur chinesischen Anlegern erlaubt, A-Aktien zu kaufen. Inzwischen gibt es für ausländische institutionelle Anleger bestimmte Wege, in A-Aktien zu investieren, aber das Interesse ist sehr gering. Denn A-Aktien sind gegenüber H-Aktien sehr teuer (auf die Gründe komme ich gleich), und zudem sind Leerverkäufe verboten. A-Aktien werden an den Börsen Shanghai und Shenzen in der Währung Yuan gehandelt.

2. B-Aktien: Hierbei handelt es sich ebenfalls um Wertpapiere von Unternehmen, die ihren Firmensitz und Geschäftsfeld in der PRC haben. Das Segment der B-Aktien (ca. 100) wurde 1993 geschaffen, um den chinesischen Markt in einer für die Regierung kontrollierbaren Art

und Weise für ausländische Investoren zu öffnen. Deshalb durften ursprünglich nur Ausländer B-Aktien erwerben, daher die Sondergattung. In 2001 öffnete die chinesische Regierung die B-Aktien aber auch für chinesische Investoren. Heute können also sowohl Ausländer als auch Chinesen B-Aktien handeln. Seitdem entwickeln sich A- und B-Aktien weitgehend parallel. B-Aktien werden in US-Dollar oder Yuan gehandelt.

3. H-Aktien: Für ausländische Investoren die mit weitem Abstand aussichtsreichste Aktienform. H-Aktien – das »H« bezeichnet den Börsenplatz Hongkong – sind Wertpapiere von Unternehmen, die ihren Firmensitz und ihr Geschäftsfeld in der PRC haben. Aber, und das ist der entscheidende Punkt: Diese Aktien (ca. 200) dürfen von Chinesen nicht gekauft werden. Sie sind ausschließlich ausländischen Investoren vorbehalten. Inzwischen hat man auch die veraltete Aktiengattung »Red Chips« unter dem Mantel der H-Aktien zusammengefasst. Unter Red-Chips (ohnehin nur ca. 30) versteht man Aktien von Unternehmen, deren Firmensitz in Hongkong liegt, aber deren Produktionsstädten in der PRC liegen. H-Aktien sind in Hongkong gelistet und werden in Hongkong-Dollar gehandelt.

Neben den drei großen Aktiengattungen gibt es noch drei kleine Gattungen, die jedoch unbedeutend sind. Der Vollständigkeit halber will ich sie Ihnen aber kurz vorstellen:

4. L-Aktien: Das L steht für den Börsenplatz London.

5. N-Aktien: Das N steht für den Börsenplatz New York.

6. S-Aktien: Das S steht für den Börsenplatz Singapur.

Wichtig für Sie ist Folgendes: Wenn Sie chinesische Aktien kaufen, dann unbedingt H-Aktien, denn diese Werte besitzen das größte Potenzial aller Aktiengattungen. Der Grund ist etwas kompliziert, aber ich will versuchen, ihn so einfach wie möglich darzustellen.

Alles beginnt mit den A-Aktien, die extrem teuer sind. Diese sehr hohe Bewertung hat zwei Gründe:

Vergleich der Kursverläufe des Hang-Seng-Index für H-Aktien und des Shanghai-Index für A-Aktien zwischen 2003 und 2005

Quelle: Market Maker

Chart 7 Hier sehen Sie die unterschiedliche Entwicklung von H-Aktien (schwarz) und A-Aktien (grau). Obwohl es sich bei beiden Aktiengattungen um chinesische Wertpapiere handelt, weisen sie eine dramatische gegensätzliche Kurs-Performance auf. Während die überteuerten A-Aktien eine schwere Baisse durchlebten, befinden sich die günstigeren H-Aktien in einer mustergültigen Hausse.

1. Der erste Grund liegt in den Eingriffen der kommunistischen Regierung in den freien Kapitalmarktfluss: Durch ein Verbot ist so genanntes Short Selling, also die Spekulation auf fallende Aktienpreise, nicht möglich. Diese Regulierung der chinesischen Regierung verhindert aber eine »natürliche« Ausbalancierung der Aktien, wenn diese zu hoch gestiegen sind.

2. Die Chinesen investieren viel Geld in den Kapitalmarkt, da es keine lukrativeren Anlagealternativen gibt. Hintergrund ist die extreme

Sparsamkeit der chinesischen Bevölkerung. Die Sparquote liegt bei unglaublichen 24 %. Das ist Weltrekord. Hier können sich unsere Hamburger schmatzenden Freunde aus Amerika mit ihrer negativen Sparquote mal eine Scheibe abschneiden. Das Geld wird aber eben nicht im Reissack verbuddelt, sondern angelegt.

Bis 2001 kamen dafür nur A-Aktien in Frage, denn andere Aktien durften von Chinesen nicht gekauft werden. Das führte zu einer massiven Überbewertung der A-Aktien, denn das gesamte Inlandskapital floss ausschließlich in dieses Segment. Daher waren die B-Aktien jahrelang deutlich günstiger bewertet. Als der Markt für B-Aktien in 2001 für chinesische Anleger geöffnet wurde, setzte ein riesiger Run auf B-Aktien ein, und die Aktienkurse explodierten, da die Werte ja viel günstiger waren als A-Aktien.

Nun wird allgemein erwartet, dass China den Markt für H-Aktien auch für chinesische Anleger öffnen wird. Dann dürfte bei den H-Aktien mit einer ähnlichen Rallye wie damals bei den B-Aktien zu rechnen sein.

Zusammenfassend lässt sich also sagen, dass China natürlich ein ganz klares Basisinvestment ist. Aktien aus dem Reich der Mitte gehören in jedes Emerging-Markets-Depot. Hier geht es schon längst nicht mehr um den Aufstieg eines Emerging Markets zu einem Industrieland. Hier geht

Die sieben größten H-Aktien nach Marktkapitalisierung

Unternehmen	US-Kürzel	ISIN	Branche	Marktkapitalisierung
PetroChina	PTR	CN0009365379	Öl	140 Mrd. USD
China Petroleum	SNP	CN0005789556	Öl	39 Mrd. USD
China Telecom	CHA	CN0007867483	Telecom	30 Mrd. USD
China Life	LFC	CN0003580601	Versicherung	20 Mrd. USD
Ping An Insurance	PIAIF	CN000A0CBBB1	Versicherung	10 Mrd. USD
Huaneng Power	HNP	CN0009115410	Versorger	8 Mrd. USD
Aluminium Corp (Chalco)	ACH	CN0007659070	Rohstoffe – Aluminium	6 Mrd. USD

Quelle: eigenes Research

Tabelle 2 Hier sehen Sie die geballte Wirtschafts-Power Chinas. Diese Unternehmen befinden sich auf direktem Wege an die Weltspitze in ihren jeweiligen Branchen.

es um den Aufstieg zu einer neuen Supermacht. Damit sind jedoch neben den innenpolitischen Risiken auch außenpolitische Konflikte mit den USA vorprogrammiert. Aller Wahrscheinlichkeit nach wird Taiwan in den kommenden Jahren der erste Ort sein, wo es zum politischen Kräftemessen zwischen dem chinesischen Drachen und dem amerikanischen Adler kommen wird. Auseinandersetzungen wie diese werden in den kommenden Jahrzehnten immer wieder zu großen Kursschwankungen führen.

Investieren Sie deshalb nicht alles auf einmal. Halten Sie Cash zurück, um die Möglichkeit zu haben, Ihre Investments in Korrekturphasen auszubauen. Denn eines ist sicher: Der schlafende Drache ist aufgewacht.

Indien

China ist bei der Masse der Privatanleger zwar bekannter als Indien, aber ich sage Ihnen ganz klar: Indien wird in den kommenden zehn Jahren der spannendste Markt unter den NIC-Emerging-Markets sein. Nach einer Studie der Vereinten Nationen (UNO) wird Indien 2050 mit 1,6 Mrd. Menschen das bevölkerungsreichste Land der Erde sein. Nein, dies ist kein Tippfehler. Es ist ein weit verbreiteter Irrtum, dass China diese Position halten wird. Denn aufgrund der »Ein-Kind«-Politik dürfte sich die Zahl der chinesischen Bürger 2050 »nur« auf 1,4 Mrd. belaufen.

Dieses Beispiel allein macht schon deutlich: Indien ist auf dem direkten Weg zu einer Großmacht. Daher werden in der Zukunft zwei Arten von Lebewesen Indien besonders lieben: Kühe und Börsianer. Trotz eines beeindruckenden Wirtschaftsaufschwungs ist der Siegeszug der indischen Wirtschaft und der Börse weitgehend an der Masse der Anleger vorbeigegangen.

Der Grund, warum Indien von Investoren in seinem ganzen Potenzial immer noch verkannt wird, ist, dass es bisher immer im Schatten des chinesischen Wirtschaftswunders stand. Diese Wahrnehmung ist auch verständlich, denn beide Länder weisen deutliche Parallelen auf: ein rasantes Wirtschaftswachstum, niedrige Lohnkosten, eine stark wachsende Bevölkerung und daraus resultierendes Konsumpotenzial.

Indien	
Größe:	3,28 Mio. qkm
Bevölkerungsanzahl:	1,1 Mrd.
Hauptstadt:	Neu Delhi
Währung:	Ind. Rupie
Börsenplatz:	Bombay Stock Exchange
Leitindex:	Sensex 30
Leistungsbilanz 2004:	+ 1,0 Mrd. USD
BIP 2004:	688 Mrd. USD
BIP pro Kopf 2004:	632 USD
BIP-Wachstum 2004:	6,9 %
BIP-Wachstum 2005:	7,5 % (p)
BIP-Wachstum 2006:	7,0 % (p)
Arbeitslosenquote:	8,9 %
Inflationsrate:	6,7 %

Quellen: Deutsche Bank Research, Allianz/Dresdner Bank Research, Goldman Sachs Research

Dabei braucht sich Indien vor gar niemandem zu verstecken. So ist die indische Wirtschaft im Windschatten Chinas seit 1994 um durchschnittlich 6,8% pro Jahr gewachsen. In 2004 lag das BIP-Wachstum bei 6,9 %, und in den nächsten beiden Jahren soll es im gleichen Tempo weitergehen: Die Schätzungen der Volkswirte für das indische Wirtschaftswachstum liegen bei 7,5 % für 2005 und 7,0 % für 2006. Das sind Spitzenraten.

Trotzdem ist Indien auf dem aktuellen Stand erst da, wo China bereits vor fünf Jahren war. Denn Indien befindet sich noch in den Anfängen des Wandelungsprozesses von einer Agrarwirtschaft zu einer Dienstleistungsgesellschaft. So liegt das BIP pro Einwohner in Indien bei 632 USD. In China hat das BIP pro Kopf bereits die magische 1.000-USD-Marke überschritten. Aber diese Diskrepanz wird sich ändern.

Einige Investmentbanken erwarten, dass Indien in der kommenden Dekade sogar ein stärkeres Wirtschaftswachstum erleben wird als China.

Schon in den vergangenen Jahren verzeichnete Indien weitgehend unbemerkt eine massive Steigerung von Auslandsinvestitionen. Dabei drehte es sich nicht nur um die so genannten »Portfolioinvestitionen« in den indischen Kapitalmarkt. Auch die ausländischen »Direktinvestitionen« in die indische Wirtschaft stiegen in den vergangenen Jahren um 50 % p.a. an. Aber erst 2004 ist der Knoten richtig geplatzt, und seitdem verzeichnet Indien massive Anstiege der Auslandsinvestitionen. In 2006 sollen diese ausländischen Investitionen die Marke von 8,0 Mrd. USD erreichen.

Quelle des Erfolges sind die nachhaltigen Reformen gegen die veralteten sozialistischen Strukturen, die ihren Anfang in den Neunzigern nahmen und nun ihre positive Wirkung entfalten. Das Zeichen zum Aufbruch gab die Deregulierung des Arbeitsmarktes 1991, der weitere tief greifende Reformen folgten. Bis dahin war Indien eine sozialistisch geprägte Wirtschaft mit staatlichen Kontrolleingriffen vom Allerfeinsten.

Aufgrund einer historisch verwurzelten Abneigung gegen ausländische Kontrolle (dafür dürfen wir uns bei den britischen Rotröcken bedanken) legte man in Indien schon immer großen Wert auf eine wirtschaftliche Eigenständigkeit. Das hat inzwischen aber auch sein Gutes, denn heute ist Indien mit einer Exportquote von lediglich 17 % deutlich weniger vom Exporthandel abhängig als viele andere Emerging Markets.

Dabei hat Indien in der globalen Wirtschaftswelt einen äußerst lukrativen Markt für sich erschlossen, der von anderen Emerging Markets nicht annährend so professionell bedient wird: das Outsourcing. Während also beispielsweise China vor allem durch seine Exportindustrie bekannt ist, schwingt sich Indien zum globalen Dienstleister auf. Aber der Outsourcing-Boom beschränkt sich schon lange nicht mehr nur auf den IT-Sektor. Inzwischen haben auch andere Branchen wie Banken, Versicherungen oder Vertriebsdienstleister den indischen Markt für sich entdeckt.

Die Gründe überzeugen jeden Vorstand. Verschiedene Studien aus unterschiedlichen Industriezweigen haben gezeigt, dass westliche Firmen mit dem »Offshore-Outsourcing«, wie das Ausgliedern von Unternehmenszweigen aufgrund der Übersee-Distanz in Fachkreisen genannt wird, nach Indien zwischen 20 % und 40 % Kosten einsparen können. Denn in Indien belaufen sich die Lohnkosten für qualifizierte Arbeiter, deren Ausbildung europäisches Niveau hat, lediglich auf ein Achtel des deutschen Niveaus.

Natürlich haben auch andere Emerging Markets, allen voran natürlich China, billige Arbeitskräfte zu bieten und versuchen, in den Outsourcing-Sektor vorzudringen. Aber nur Indien bietet neben purer »Manpower« weitere exzellente Rahmenfaktoren, die das Land der Fakire für ausländische Firmen so interessant machen: Aufgrund der Historie als britische Kolonie basiert die indische Justiz auf dem englischen Rechtssystem. Zudem ist das Land die größte, wenn auch mächtig wackelige, Demokratie der Welt und besitzt beispielsweise die Pressefreiheit.

Das Bildungsniveau ist zwar bisher nur einem begrenzten Teil der Bevölkerung zugänglich, aber es ist außergewöhnlich hoch, und die englische Sprache ist weit verbreitet. Tatsächlich findet man in Indien ein Niveau an Englischkenntnissen, das gerade in den asiatischen Emerging Markets einzigartig ist und seinesgleichen sucht. Da verwundert es nicht, dass der Outsourcing-Sektor seit 1999 jährlich um 46 % gewachsen ist!

Wenn China aufgrund seiner zahlreichen und billigen Arbeitskräfte als die »Fabrik der Welt« bezeichnet wird, dann ist Indien wohl das künftige »High-Tech-Labor der Welt«. Nicht ohne Grund sind innovative High-Tech-Branchen, wie Software und IT, oder der Pharma/Biotech-Sektor, wie Generika, in Indien schon echte Wachstumsbranchen. Inzwischen besitzt Indien die zweitgrößte Zahl an Softwareentwicklern der Welt (hinter den USA). So fördert die indische Regierung in Bangalore ein noch relativ junges IT-Mekka, das das Silicon Valley Asiens werden soll. Dort entwickeln die indischen Computerprogrammierer die neuesten Technologien für so ziemlich jede Firma, die weltweit im High-Tech-Sektor irgendetwas zu sagen hat.

Das indische BIP lässt sich auf drei Sektoren herunterbrechen. Auf die Bereiche Landwirtschaft und Industrie entfallen jeweils 25 %. Aber der Outsourcing-Service-Sektor macht inzwischen sage und schreibe 50 % aus und ist damit die treibende Kraft des indischen Wirtschaftswachstums.

Doch Indien ist keineswegs nur auf ausländische Kunden angewiesen. Denn das größte Ass Indiens ist die eigene Bevölkerung. Der Altersdurchschnitt in Indien liegt gerade einmal bei 24 Jahren!

Im Gegensatz dazu beträgt der Altersdurchschnitt in Deutschland 42 Jahre. Allein aufgrund dieser demographischen Fakten sehen Sie, wo die

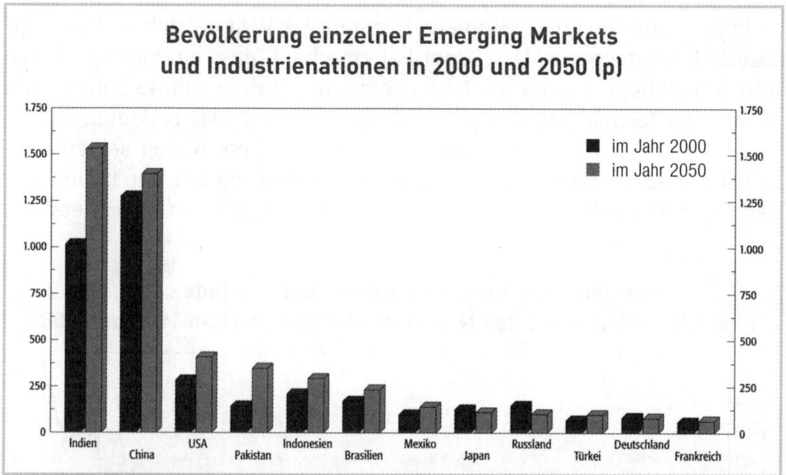

Quelle: Vereinte Nationen

Abildung 7 Diese Abbildung sagt alles. Klarer kann man die demographische Verschiebung zu Gunsten der Emerging Markets nicht darstellen. Nach Schätzungen der Vereinten Nationen werden in 2050 ca. 60 % der Weltbevölkerung in Asien leben. Ein Drittel der gesamten Erdbevölkerung wird allein China und Indien sein Zuhause nennen. In Europa werden dann gerade noch 7 % aller Menschen leben.

Zukunft liegen wird. Sage und schreibe 75 % aller Inder sind unter 35 Jahre alt. Unglaubliche 45 % unter 20 Jahren. Jedes Jahr machen 20 Millionen Menschen in Indien ihren Universitätsabschluss.

Inzwischen hat sich in Indien eine neue Mittelschicht (Jahreseinkommen ab 15.000 Euro) gebildet, die inzwischen über 300 Millionen Menschen umfasst. Das sind mehr Menschen, als in den gesamten USA leben. Denn in den vergangenen zehn Jahren ist das durchschnittliche Einkommen der privaten Haushalte um 60 % gestiegen.

Das bedeutet: Hier wachsen die Konsumenten von morgen heran. Und es werden viele sein. Die jungen Generationen erhalten teilweise eine Ausbildung auf hohem Niveau, was bedeutet, dass sie später Jobs mit besseren Gehältern bekommen werden. Damit werden diese kommenden Generationen in der Lage sein, Konsumprodukte zu kaufen, die über den lebensnotwendigen Grundbedürfnissen liegen. Sie führen die Rechnung zu Ende.

In Indien wird die größte Binnenwirtschaft der Welt entstehen. Der anerkannte Börsenexperte Harry Dent hat errechnet, dass ein Mensch seinen Konsum-Höhepunkt mit 46 Jahren erreicht. Sprich: Mit 46 Jahren gibt er das meiste Geld für Konsum und Vorsorge aus. Das bedeutet: Ob Sie es nun hören wollen oder nicht: Deutschland überschreitet seinen Konsum-Höhepunkt langsam, aber unaufhaltsam. Dagegen hat Indien seinen Zenit frühestens in 22 Jahren vor sich. Zudem partizipiert erst ein

Vergleich der Kursverläufe des Sensex-Index und eines Zertifikates auf den Nifty-Fifty-Index zwischen 1990 und 2005

Quelle: Market Maker

Chart 8 Ein Herz und eine Seele. In dem Chart sehen Sie den bekannten indischen Leitindex Sensex 30 (schwarz) und des »Indien Open End«-Zertifikates der ABN-Amro auf den Nifty Fifty-Index (grau). Obwohl dem Zertifikat ein anderer Index zugrunde liegt, entwickelte das »Indian Open End« fast identisch zum Sensex-Index. Deshalb spielt es für Sie bei der Auswahl von Zertifikaten nur eine untergeordnete Rolle, auf welchen Index sich ein Zertifikat bezieht.

sehr kleiner Anteil der indischen Bevölkerung an dem bisherigen Aufschwung.

Das verspricht goldene Zeiten für die Unternehmen und damit auch für den Aktienmarkt und seine Investoren. Damit sind wir auch schon beim Kapitalmarkt. In Indien gibt es zwar zahlreiche Regionalbörsen, aber für ausländische Anleger sind nur zwei Börsen wichtig. Am besten lässt sich die Situation in Mumbai (die indische Regierung hat Bombay 1995 in Mumbai umbenannt, aber der Name »Bombay« ist weiterhin gültig), wo die beiden indischen Börsen beheimatet sind, mit New York vergleichen. Dort ist neben der bekannten New York Stock Exchange, die Sie aus dem Fernsehen kennen, auch die deutlich kleinere weniger bekannte American Stock Exchange beheimatet.

In Indien gibt es ganz ähnlich die dominierende Bombay Stock Exchange (BSE) und die weniger bekannte National Stock Exchange (NSE). Die BSE wurde schon 1875 gegründet und ist damit sogar die älteste Börse Asiens. Was kaum ein Anleger weiß: Mit über 6.000 gelisteten Unternehmen ist die BSE nach der Wall Street die zweitgrößte Börse der Welt. Der Leitindex heißt Sensex 30 und ist international der bekannteste indische Index. Der Index der NSE trägt den knackigen Namen »Nifty Fifty«.

Die Charthistorie zeigt aber, dass sich beide Indizes weitgehend identisch entwickeln. Es macht für Sie bei Käufen von Zertifikaten also kaum einen Unterschied, ob Sie auf den Sensex 30 oder den Nifty Fifty setzen.

Für ausländische Privatanleger ist es allerdings aufgrund von Börsenregularien bisher so gut wie unmöglich, direkt in Indien zu investieren. Es bieten sich also Fonds oder Zertifikate an. Zudem gibt es an der Wall Street und auch in Deutschland jede Menge ADR-Listings von spannenden indischen Firmen. Denn indische Aktien sind bei internationalen Investoren sehr beliebt, da der Großteil der Unternehmen schon heute standardmäßig nach US-GAAP oder IAS-Standards bilanziert.

Die international bekanntesten indischen Firmen kommen natürlich aus dem IT-Sektor, obwohl das größte Unternehmen der Chemiekonzern Reliance Industries ist. Wesentlich vertrauter sind Investoren aber mit den Namen der großen IT-Dienstleister Infosys Technologies, Satyam Computer Services und Wipro (allesamt IT-Outsourcing-Spezialisten) oder der Generika-Unternehmen Ranbaxy Laboratories und Dr. Reddy‘s, die bei den Generika-Zulassungen in den USA, dem wichtigsten Pharmamarkt der Welt, schon die Nummer zwei und die Nummer sieben sind. Inzwischen kommen schon rund 40 % aller weltweiten Generika-Medikamente aus Indien.

Allerdings muss Indien natürlich noch einen weiten Weg zurücklegen. Es gibt einfach keinen Emerging Market ohne Risiken, und bei Indien ist das schon mal gar nicht der Fall. Da ist zum einen das extreme Gefälle zwischen Arm und Reich. Die Landwirtschaft macht zwar nur noch gut 25 % des BIPs aus, beschäftigt aber über 50 % aller Inder. Die Arbeitslosigkeit liegt bei knapp 10 %. Noch ist Indien mit einer unglaublich hohen Analphabetenquote von über 35 % einer der traurigen Spitzenreiter weltweit.

Zum anderen gleichen die gesellschaftlichen Strukturen Indiens einem Pulverfass. Das Land wird immer wieder von schweren Unruhen zwischen den beiden dominierenden, aber verfeindeten Bevölkerungsgruppen der Hindus und der Moslems erschüttert. Dazu regiert in Neu Delhi eine Koalition aus 20 (!) verschiedenen Parteien, was Reformprozesse, wie die Neuordnung des katastrophalen Steuersystems, stark verlangsamt.

Als wären diese explosiven Spannungen noch nicht genug, fordert auch noch die Sikh-Minderheit die Abspaltung der Grenzprovinz Pandschab von Indien. Aufgrund der Häufigkeit von schrecklichen Attentaten und Massenausschreitungen hat an den Börsen inzwischen jedoch ein Gewöhnungseffekt eingesetzt, sodass die Aktienkurse auf die »normalen« Ausschreitungen ohne große Ausschläge reagieren. Das wird allerdings nur so lange so bleiben, bis die Gewalttaten eine neue Dimension erreichen.

Zwei weitere Probleme, die auf der Reformagenda ganz oben stehen müssen, sind die katastrophale Infrastruktur und die unzureichende Stromversorgung. Zudem weist das Land eine sehr hohe Staatsverschuldung auf. Um ganz nach oben zu kommen, muss die Regierung daher die bisherigen Reformen unbedingt weiter fortsetzen.

Dazu kommen aber noch die außenpolitischen Risiken um den ewig schwelenden Kaschmir-Konflikt mit dem Nachbarn Pakistan. Immerhin bemühen sich die beiden Atommächte in den letzten Jahren um politische Fortschritte. Insgesamt lässt sich sagen, dass die Risiken in Indien zwar groß, aber die Chancen noch viel größer sind.

Brasilien und Südamerika

Der bekannteste Emerging Market in Südamerika ist zweifellos Brasilien. Auch ich bin ein bekennender Fan von Brasilien, und das nicht nur wegen der hübschen Damen mit den knappen Bikinis von der Copacabana. Okay, zugegeben, das hilft schon sehr. Aber es gibt viele weitere wirtschaftliche und politische Fakten, die das Land am Zuckerhut interessant machen.

Brasilien ist das größte und bevölkerungsreichste Land Südamerikas und das Flaggschiff des Kontinents. Deshalb greife ich Brasilien als Einzelland heraus. Denn wenn Sie etwas über Südamerika lesen, bezieht es sich zumeist auf das Land des mehrfachen und amtierenden Fußball-Weltmeisters.

Brasilien	
Größe:	8,5 Mio. qkm
Bevölkerungsanzahl:	186 Mio.
Hauptstadt:	Brasilia
Währung:	Real
Börsenplatz:	Bolsa de Valores
Leitindex:	Bovespa
Leistungsbilanz 2004:	+ 11,7 Mrd. USD
BIP 2004:	666,7 Mrd. USD
BIP pro Kopf 2004:	3.700 USD
BIP-Wachstum 2004:	4,9 %
BIP-Wachstum 2005:	3,4 % (p)
BIP-Wachstum 2006:	3,5 % (p)
Arbeitslosenquote:	9,6 %
Inflationsrate:	6,6 %

Quellen: Deutsche Bank Research, Allianz/Dresdner Bank Research, Goldman Sachs Research

Brasilien ist eine föderale Republik aus 26 Bundesstaaten und besitzt die stärkste Volkswirtschaft Südamerikas. Über 40 % der gesamten südamerikanischen Wirtschaftsleistung kommt aus Brasilien, dem fünftgrößten Land der Erde. 2004 stieg das reale BIP um beeindruckende 5,2 %. Das war nicht immer so. Nachdem sich Brasilien im Jahr 1985 endlich von einer Militärdiktatur befreit hatte, taumelte das Land bis Ende der Neunziger von einer Währungskrise in die nächste. Die Wende begann 1994 mit den tief greifenden Reformen des Stabilisierungsplans Plano Real von Präsidenten Cardoso, die dann von seinem Nachfolger Lula da Silva fortgesetzt wurden.

Nach der Wahl Lulas herrschte zunächst Unsicherheit an den internationalen Kapitalmärkten, ob der politisch linksgerichtete Lula den begonnenen Reformkurs zu einer freien Marktwirtschaft weiter fortführen würde. Doch Lula blieb konsequent auf dem eingeschlagenen Weg und wurde damit sogar zum Darling der internationalen Investoren. Seitdem sprudeln die Direktinvestitionen nur so ins Land. 2004 stiegen sie gegenüber dem Vorjahr um 80,1 % auf 18,2 Mrd. USD (von 10,1 Mrd. USD), was immer noch erst ein Bruchteil dessen war, was nach China floss.

Wie erfolgreich die Reformen in Brasilien sind, zeigte sich in der jüngsten Argentinien-Krise 2001/02. Historisch greifen Krisen eines südamerikanischen Landes immer wie ein Lauffeuer auf den ganzen Kontinent über. So führte beispielsweise die »Tequila-Krise« in Mexiko 1994 zum berühmt-berüchtigten Börsencrash des 12. Januar 1995, der an den südamerikanischen Kapitalmärkten als der »schwarze Dienstag« bekannt ist. Eine Währungs- und Finanzkrise des Aztekenstaates sprang damals auf andere Staaten über und riss diese mit in den Abwärtsstrudel.

Doch in 2001/02 war es anders: Die schlimme Krise, die Argentinien bis an den Rand des Staatsbankrotts brachte, ging an Brasilien weitgehend vorbei. Das zeigt Ihnen, welche beeindruckende eigene Stärke die brasilianische Wirtschaft inzwischen entwickelt hat.

Wie in fast allen südamerikanischen Ländern sind der Rohstoffsektor und die Landwirtschaft die treibenden Kräfte für das Wirtschaftswachstum Brasiliens, das über große Vorräte an Bodenschätzen verfügt.

So liegen in den tiefen Gesteinen des Carajás-Gebirges die größten Eisen-, Kupfer-, Nickel- und Bauxit-Reserven der Welt. Besonders stark ist Brasilien auch in den Bereichen Öl und Stahl. Beispielsweise kommt mit der Companhia Vale do Rio Doce der Weltmarktführer für Eisenerz, das ein Kernbestandteil der Stahlproduktion ist, aus Brasilien. Obwohl Brasilien das mit Abstand am weitesten industrialisierte Land auf dem südamerikanischen Kontinent ist, steuert die Landwirtschaft immer noch gut 25 % zum Bruttoinlandsprodukt bei. Das zeigt Ihnen, wie viel Potenzial noch unter der gelb-grünen Landesfahne schlummert.

Ein interessanter Fakt ist, dass der Export mit gerade einmal 25 % des Bruttosozialproduktes sehr niedrig ist. Das entspricht ca. 1 % des Welthandels. Viel zu niedrig für ein Land, das in den nächsten 20 Jahren in die Reihe der globalen Superstars aufsteigen wird. Für Sie hat dies jedoch zwei gewichtige Vorteile: Erstens ist Brasilien damit nicht so stark wie andere Länder von der Entwicklung der globalen Weltwirtschaft abhängig. Das Land eignet sich also hervorragend als Diversifikationsmöglichkeit für Ihr Depot. Zweitens bietet dieses niedrige Niveau aber auch noch jede Menge Spielraum für künftiges Wachstum. So hat Präsident Lula schon in Aussicht gestellt, den Export stärker zu fördern. 2004 stiegen die Exporte gegenüber dem Vorjahr bereits um 17,9 %.

Die größten Risiken für Brasilien-Anleger liegen im innenpolitischen Bereich. Das Land ist wirtschaftlich fast zweigeteilt: in den wohlhabenden, wirtschaftlich erfolgreichen Süden und den armen Norden. In Brasilien gibt es zudem nur eine unterentwickelte Mittelschicht. Die Menschen sind entweder wohlhabend oder bettelarm. Derzeit leben immer noch ca. 18 % der Bevölkerung unterhalb des Existenzminimums. Da in Brasilien Arm und Reich quasi nebeneinander wohnen, gibt es in dem Land hohe soziale Spannungen: Drogen und Bandenkriminalität sind zwei große innenpolitische Probleme.

Besonders riskant sind für Sie jedoch die bevorstehenden Präsidentschaftswahlen 2006. Der amtierende Präsident Lula sah schon wie der sichere Sieger aus, bevor ein übler Bestechungsskandal im Sommer 2005 über Lula und seine Partei hineinbrach. Dass dieser Skandal im Jahr vor der Wahl publik wird, kann kaum ein Zufall sein. Sie können also davon ausgehen, dass die Opposition vor der Wahl immer wieder neue Anschuldigungen aus dem Hut zaubern wird. Wie Sie aus Kapitel 2 wissen, wird bei solchen Ereignissen in Emerging Markets ganz tief geschossen.

Der Schockeffekt des Skandals ist inzwischen im brasilianischen Börsenindex Bovespa eingepreist. Aber wenn sich durch neue Anschuldigungen abzeichnet, dass Lula aufgrund dieses Skandals die Wiederwahl verliert, wird das am brasilianischen Aktienmarkt zu starken Ausschlägen führen, bis klar ist, wer die Präsidentschaftswahl gewinnt und ob der eingeschlagene Reformkurs weitergeführt wird. Da man jedoch von einer Fortsetzung ausgehen kann, würden Ihnen solche Kursausschläge aller Voraussicht nach gute Einstiegsmöglichkeiten bieten.

Der Bovepsa ist der bedeutendste Börsenindex Südamerikas. Fast idealtypisch für einen Emerging Market kommen die wichtigsten Unternehmen im brasilianischen Index aus den klassischen Emerging-Markets-Sektoren: Neben dem Öl-Multi Petrobras, dem Aushängeschild des Bovespa, sind das vor allem die Telecomunternehmen Tele Norte Leste und Embratel sowie die Bank Banco Bradesco.

An der Börse in São Paulo feiern die Brasilianer jedenfalls seit Jahren eine riesige Samba-Party. Und feiern, das können die Brasilianer. So stieg der Bovespa 2005 auf ein neues Allzeithoch. Doch lassen Sie sich davon nicht täuschen. Fast schon traditionell ist Brasilien nicht nur einer der am günstigsten bewerteten Emerging Markets in Südamerika, sondern auf der ganzen Welt.

Neben Brasilien sind in Südamerika vor allem die bevölkerungsreichen Länder Argentinien und Mexiko interessant. Mexiko gehört geographisch natürlich zu Mittelamerika. Aber diese Region ist wirtschaftlich völlig unbedeutend, weshalb Mexiko traditionell zu Südamerika gezählt wird. Das Land ist aufgrund seiner engen wirtschaftlichen Beziehungen zu den USA sehr weit entwickelt und bietet Fondsmanagern daher eine weitere Investitionsmöglichkeit. Dass Mexiko in das südamerikanische Investitionsspektrum einbezogen wird, ist von Seiten der Banken also nicht ganz uneigennützig. Bei Mexiko müssen Sie unbedingt die Nähe zu den USA beachten. Mexiko besitzt eine positive Korrelation zu den USA. Läuft die Wirtschaft im Land der unbegrenzten Möglichkeiten, dann boomt es auch im Aztekenstaat. Wie in 2004, als die mexikanische Wirtschaft um 4,2 %

wuchs. Wenn die Wirtschaft in den USA allerdings ins Stocken gerät, dann schlägt sich das auch auf den mexikanischen Börsenindex IPC, kurz »Bolsa« genannt, nieder. Mexiko eignet sich also nicht als Diversifikationsmöglichkeit, wenn Sie schon stark in den USA investiert sind.

Das südamerikanische Argentinien mit seinen 39,5 Millionen Einwohnern ist ein spannender, aber auch risikoreicher Markt. Nachdem der totale Kollaps 2002 gerade noch verhindert werden konnte, beginnt sich in diesem Land und an der Börse, dessen Index »Merval« heißt, nun langsam ein Turnaround abzuzeichnen. Aufgrund des niedrigen Ausgangsniveaus war das Wirtschaftswachstum in 2004 mit 9,0 % exorbitant. In 2005 und 2006 soll sich das Wachstum deshalb auf 6,2 % und dann auf 4,0 % abschwächen, was für Südamerika immer noch sehr hohe Raten darstellt. Dennoch sind Investitionen in dieses Land als hoch-spekulativ einzustufen.

Die anderen Länder Südamerikas zeichnen sich vor allem durch Rohstoffexporte und politische Instabilität sowie sehr hohe Staatsverschuldungen aus. Insgesamt ist Südamerika in 2004 mit bärenstarken 5,6 % gewachsen. Auf den Landkarten der Finanzwelt sind vor allem Chile, durch seine gewaltigen Kupfervorkommen, und das innenpolitisch hoch labile Venezuela, der achtgrößte Ölproduzent der Welt, vermerkt. Aber beide Länder sind aufgrund der hohen Risiken für Investments ungeeignet. Zwar gibt es in den südamerikanischen Ländern außerhalb von Brasilien und Argentinien immer wieder einzelne hervorragende Unternehmen. Da die Börsen jedoch noch unterentwickelt und die Länder politisch instabil sind, sollten Sie von diesen Märkten die Finger lassen. Bolivien, Ecuador, die innenpolitisch hochgradig unsicher sind, sowie Kolumbien bewegen sich seit Jahren am Rand einer drohenden Zahlungsunfähigkeit. Venezuela ist gerade dabei, sich von seiner schweren Rezession zu erholen, und in Peru zeichnen sich soziale Unruhen ab. Bei den großen Börsen in Mexiko und Argentinien gilt es aber zu beachten, dass diese für Emerging-Markets-Verhältnisse nicht mehr billig sind. Hier müssen Sie erst Korrekturen abwarten. Brasilien bleibt also in Südamerika Ihre allererste Wahl.

Russland

Russland ist bei Privatanlegern vor allem für zwei Dinge bekannt: endlose Ölfelder und endlose Korruptionsskandale. Hier sei beispielhaft nur die Yukos-Affäre genannt. Fakt ist, dass Russland jahrelang als der »schlafende Riese« unter den Emerging Markets galt. Dieses Land besitzt sehr viel Potenzial. Fakt ist aber auch, dass dieser schlafende Riese in den neunziger Jahren immer weiter geschlafen hat. Erst jetzt beginnt die ehemalige Supermacht langsam wach zu werden, nachdem sich bisher jeder Russland-Hype im Nachhinein nur als das Umdrehen des schlafenden Bären auf die andere Seite des Bettes erwiesen hatte.

Denn nach knapp 70 Jahren kommunistischer Planwirtschaft musste das neu demokratisierte Russland in den Neunzigern bei dem wirtschaftlichen Wandel schmerzhaftes Lehrgeld zahlen. Bis Mitte der Neunziger brach die Industrieproduktion um 50 % ein, die Auslandsschulden explodierten, während der Rubel in sich zusammenfiel. Zu dieser Zeit soll jeder dritte Russe unter der Armutsgrenze gelebt haben.

Russland	
Größe:	17,1 Mio. qkm
Bevölkerungsanzahl:	144 Mio.
Hauptstadt:	Moskau
Währung:	Rubel
Börsenplatz:	Russian Trading System
Leitindex:	RTS
Leistungsbilanz 2004:	+ 59,9 Mrd. USD
BIP 2004:	581,6 Mrd. USD
BIP pro Kopf 2004:	4.042 USD
BIP-Wachstum 2004:	7,2 %
BIP-Wachstum 2005:	5,7 % (p)
BIP-Wachstum 2006:	5,0 % (p)
Arbeitslosenquote:	7,3 %
Inflationsrate:	11,0 %

Quellen: Deutsche Bank Research, Allianz/Dresdner Bank Research, Auswärtiges Amt Wirtschaftsdaten, Goldman Sachs

Inzwischen hat sich das Bild zwar gedreht, aber noch immer ist Russland eines der Länder, in dem die politischen Entwicklungen immer wieder für massive Unruhe an den dortigen Aktienmärkten sorgen. Dabei steht der russische Bär schon seit Jahren auf dem Sprung in die Reihe der Star-Emerging-Markets unter den NIC-Ländern.

Dass dieser Sprung bisher nicht geglückt ist, liegt zunächst, wie oben beschrieben, an den wirtschaftlichen Krisen, die das Land seit dem Zusammenbruch des Kommunismus durchleben musste. Hinzu kommt aber auch die immer noch labile politische Situation. Neben den wiederkehrenden außenpolitischen Problemen in den russischen Teilrepubliken, beispielsweise dem Tschetschenien-Konflikt, liefert auch die Innenpolitik kein Glanzstück von Stabilität ab, das Investoren ruhig schlafen lässt. Diese Unsicherheit trägt vor allem einen Namen. Und der heißt Wladimir Wladimirowitsch. Den kennen Sie nicht? Doch, den kennen Sie. Aber wahrscheinlich unter seinem bekannteren Namen Wladimir Putin.

An Putin, der im Jahr 2000 Boris Jelzin als Präsident ablöste, und seiner politischen Philosophie scheiden sich die Geister der Politologen und Volkswirte. Das der ehemalige Chef des Inlandsgeheimdienstes FSB ein extremer Hardliner ist, ist allgemein bekannt. Die Fürsprecher sehen das jedoch keineswegs negativ und halten Putin für einen Verfechter der Marktwirtschaft und der Demokratie. Tatsächlich hat Putin seine Macht genutzt, um überfällige Reformen auf den Weg zu bringen.

Die Gegner werfen ihm vor, dass er immer mehr Macht aufsaugt und dabei ihm gefährlich werdende Kontrahenten mit eiserner Hand unterdrückt. Der populärste Beleg ist die Yukos-Affäre. Yukos-Boss Michail Chodorkowskij, ein einflussreicher russischer Oligarch, besaß politische Ambitionen und wurde damit zu einem ernst zu nehmenden Gegner Putins. Prompt wurde der kapitalträchtige und einflussreiche Widersacher von Putin knallhart kaltgestellt (Chodorkowskij sitzt im Gefängnis). Diese Furcht, dass Putin die junge Demokratie langsam, aber sicher aushöhlt, hängt immer wie dunkle Gewitterwolken über dem russischen Aktienmarkt. Es gibt nicht wenige, die fürchten, dass es unter Putin einen Richtungswandel zurück zu kommunistischen Machtstrukturen geben könnte.

Hier wird die Spannung im Jahr 2008 ihren Höhepunkt erreichen, denn dann endet die zweite Amtszeit Putins. Wie in den USA darf ein Präsident in Russland jedoch nur zwei Amtszeiten regieren. Damit Putin im Amt bleibt, wird es einer Verfassungsänderung bedürfen. Sollte der Machtmensch Putin dies anstreben, könnte dies jedoch auf eine weitere Machtkonzentration in den Händen des ehemaligen FSB-Geheimdienstlers hindeuten.

Ein unstrittiger Fakt ist allerdings, dass trotz aller Skandale, Kriminalität und Korruption sowie einem vollkommen undurchschaubaren Steuersystem die Reformen in Russland in den letzten Jahren große Fortschritte gemacht haben. Hier hat Putin echte Erfolge vorzuweisen, die dazu geführt haben, dass der pragmatische, aber teilweise juristisch und demokratisch bedenkliche Reformkurs des Präsidenten den Namen »Putinomics« erhalten hat.

So ist die Arbeitslosigkeit inzwischen auf einen einstelligen Prozentsatz gesunken. Die Löhne steigen. Die Staatsschulden wurden deutlich reduziert. Das Rentensystem wurde umstrukturiert. Noch wichtiger: Die volkswirtschaftlichen Rahmendaten haben sich in den letzten Jahren gravierend verbessert: So übersteigen die Währungsreserven die Staatsschulden – ein klares Zeichen für wirtschaftliche Stabilität. Inzwischen drängt auch das ausländische Kapital ins Land. 2005 stiegen die Direktinvestitionen gegenüber dem Vorjahr um 50 % auf 11,7 Mrd. USD. Allerdings sind die wirtschaftlichen Erfolge nicht allein Putins Verdienst, sondern haben noch einen zweiten Ursprung: die stark gestiegenen Öl- und Gaspreise.

Damit sind wir auch direkt bei den Risiken des russischen Marktes. Und ein Buch über die Risiken würde fraglos die Dimension von »Krieg und Frieden« erreichen. Zum einen sind Politik und Wirtschaft immer noch eng miteinander verflochten. Tatsächlich sind die extrem einflussreichen Oligarchen mit einer Schattenherrschaft die wahren Machthaber Russlands. Dabei handelt es sich um eine Gruppe ultrareicher Unternehmer, die nach dem Zusammenbruch der UDSSR aufgrund bester politischer Kontakte bei der Privatisierung der staatlichen Unternehmen die ehemaligen russischen Staatsbetriebe unter den fairen Werten zu Schnäppchenpreisen aufkauften und damit reich wurden.

Diese Oligarchen haben mit der politischen Elite Moskaus ein stillschweigendes Abkommen: Solange die Oligarchen dem Kreml nicht in die Politik funken, können sie in einer Grauzone tun und lassen, was sie wollen. Yukos-Boss Chodorkowskij brach diese Vereinbarung und wurde dafür sofort aus dem Verkehr gezogen. Das bedeutet jedoch, dass die Oligarchen ihre eigenen Interessen verfolgen, ohne dabei staatliche Repressionen befürchten zu müssen. Für ausländische Kleinanleger und sogar Großanleger kann das sehr gefährlich sein, wenn man an der Börse auf der falschen Seite positioniert ist.

Zum anderen wird Russland trotz aller Reformerfolge von einem Steuerdschungel und einer Bürokratie erdrückt, gegen die selbst das deutsche

Vergleich der Kursverläufe des RTS-Index und der Ölsorte Brent Crude zwischen 1996 und 2005

Quelle: Market Maker

Chart 9 Wie Sie deutlich erkennen können, folgt der RTS (schwarz) dem Ölpreis (grau) –hier die Sorte Brent Crude – auf dem Fuße. Sie sehen, dass die Rallye des RTS seit 2001 mit dem gleichzeitigen Beginn der Ölhausse startete.

Beamtentum wie ein Formel-1-Rennstall wirkt. Zudem ist die Wirtschaftsentwicklung von Russland, dem größten Erdölexporteur der Welt, stark vom Preis des schwarzen Goldes abhängig. Tatsächlich machen die Verkäufe von Öl, Gas und Metallen knapp 70 % der Exportumsätze des flächenmäßig größten Landes der Erde aus. Die Weltbank hat errechnet, dass das russische Bruttoinlandsprodukt zu 25 % vom eigenen Ölsektor abhängig ist. Das ist auf der einen Seite eine ungesunde Schieflage, die aber auf der anderen Seite bei steigenden Ölpreisen zu hohen Wachstumssprüngen führt.

Was Russland für internationale Investoren so spannend macht, ist die extrem günstige Bewertung, da sich internationale Anleger bisher aufgrund der politischen Risikofaktoren mit ihren Investments zurückgehalten haben. Sie suchen einen unterbewerteten Markt? Wie wäre es damit: Der gesamte russische Kapitalmarkt ist aufaddiert mit einer Marktkapitalisierung von gut 240 Mrd. USD gerade einmal so teuer wie das britische Ölunternehmen BP alleine. Sie kriegen also für den gleichen Preis entweder einen einzigen Ölkonzern oder ganz Russland mit all seinen Öl- und Gasreserven. Was würden Sie lieber kaufen?

Wenn Sie sich für den russischen Aktienmarkt interessieren, dann müssen Sie allerdings drei Dinge wissen:

1) Die russische Börse wird von Rohstoffunternehmen, vornehmlich Öl- und Gaskonzernen, dominiert. Das hat einen großen Vorteil: Der russische Markt korreliert positiv mit einem steigenden Ölpreis und damit negativ mit westlichen Börsen, die traditionell von einem starken Ölpreis belastet werden. Hier wird es sich sehr positiv auf die russische Wirtschaft auswirken, dass die Öl- und Gasreserven in Russland deutlich erhöht worden sind. So verfügt das Land der Zaren über 20 % der weltweiten Rohöl- und sogar 35 % der weltweiten Erdgasreserven. Ein phantastisches Fundament für kommendes starkes Wachstum der rohstofflastigen russischen Wirtschaft.

2) Worte wie »Aktionärsschutz«, »Corporate Governance« oder »Unternehmenstransparenz« sind in Russlands Börsenkultur immer noch ein Fremdwort. Wenn Sie nicht auf die großen, etablierten, internationalen Firmen wie Lukoil oder Gazprom setzen, für die es Unternehmensanalysen großer Investmenthäuser gibt, bewegen Sie sich auf dünnem

Eis. Bei kleinen Firmen ist es kaum möglich, seriöse Informationen zu erhalten.

3) Der Kapitalmarkt in Russland ist noch zersplittert. So gibt es keinen eigentlichen Leitindex, wie etwa den Bolsa in Mexiko. Am häufigsten wird der RTS-Index des Russian Trading Systems, einer 1995 ins Leben gerufenen elektronischen Handelsplattform, als Benchmark herangezogen. Allerdings spiegelt der RTS-Index die russische Wirtschaft nur sehr ungenau wider, obwohl das ja eigentlich das Ziel eines Index sein sollte. So sind einige der größten russischen Unternehmen wie Vimpel oder Gazprom in dem Index nicht enthalten.

Zudem gibt es in Russland starke Handelsbeschränkungen für ausländische Investoren. Daher haben die pfiffigen Österreicher an der Wiener Börse einen eigenen Index namens RTX (»Russian Traded Index«) entwickelt. Wenn Sie also Zertifikate auf dem russischen Aktienmarkt handeln wollen, dann basieren diese auf dem österreichischen RTX und nicht auf dem russischen RTS, wobei die Indizes in ihrer Zusammensetzung nicht identisch sind und sich daher unterschiedlich entwickeln.

Russland besitzt also wirklich alles, was einen Emerging Market ausmacht: niedrige Börsenbewertungen, gute Zukunftsperspektiven, da der Ölpreis langfristig steigen wird, aber auch jede Menge innenpolitische und wirtschaftliche Risiken. Wenn Sie mit dem russischen Bären tanzen, dann müssen Sie für brutal heftige Kursausschläge gewappnet sein. Daher sollten Sie das ehemalige Zarenreich nur als risikoreiche Anlage beimischen. Im Gegensatz zu vielen Bankhäusern halte ich Russland aufgrund der hohen Risiken auf allen Ebenen als Kernmarkt für ungeeignet. Hier sollten Sie Osteuropa vorziehen. Als spekulative Beimischung ist Russland allein aufgrund seiner positiven Korrelation zum Ölpreis aber ein Muss.

Osteuropa

Wenn man von Osteuropa spricht, dann denken die meisten Anleger an Polen, Tschechien und Ungarn. Aber das ist nicht korrekt, denn unter Osteuropa verstehen Emerging-Markets-Experten die ehemaligen UdSSR-

Republiken exklusive Russland und die russischen Republiken. Oftmals wird auch die Türkei aufgrund der laufenden Verhandlungen über einen Beitritt in die EU dazugezählt. Nach meiner Meinung ist das nicht richtig. Aufgrund der islamischen Gesellschaftsstrukturen und der geographischen Lage (lediglich 3 % der Gesamtfläche der Türkei liegen in Europa, 97 % liegen auf dem asiatischen Kontinent) zähle ich die Türkei de facto zum Bereich »Naher Osten«. Ob das Land von Atatürk nun dazugerechnet wird oder nicht – es besteht kein Zweifel, dass sich die osteuropäischen Länder wirklich beeindruckend entwickelt haben.

Osteuropa kann man in zwei Gruppen unterteilen. In der ersten Liga finden Sie die neuen EU-Mitglieder und Anrainer-Staaten an westeuropäische Länder. Dies sind Polen, Tschechei, Ungarn sowie Estland, Lettland und Litauen, wobei die Börsen der drei letztgenannten Länder im internationalen Kapitalmarkt keine Rolle spielen. Wie wichtig der EU-Beitritt für diese sechs war, zeigt sich darin, dass diese Länder inzwischen über 85 % ihrer Exporte und über 70 % ihrer Importe mit den westeuropäischen Staaten abwickeln.

Die zweite Liga besteht aus Ländern, die unbedingt in die erste Liga aufsteigen wollen, aber noch nicht da sind. Dazu zählen natürlich Bulgarien und Rumänien, deren Beitrittsverhandlungen bereits abgeschlossen sind und die beide am 1. Oktober 2007 in die EU aufgenommen werden sollen. Weiterhin setzt sich die zweite Liga aus den Staaten des ehemaligen Jugoslawien, wie z.B. Kroatien, zusammen. Ich zähle auch noch die Ukraine dazu. Die Ukraine ist die am weitesten fortgeschrittene Splitterrepublik der ehemaligen UDSSR und bewirbt sich ebenfalls um eine EU-Aufnahme.

Da dieses Buch leider nur einen Überblick geben kann, konzentrieren wir uns im Folgenden auf Polen und die drei osteuropäischen Flaggschiffe, die an der Börse die größte Aufmerksamkeit genießen. Hier sieht die Zukunft sehr viel versprechend aus: Die Wachstumsraten für die Volkswirtschaften der drei großen Vorreiter werden in den kommenden Jahren zwischen 3,0 und 5,5 % liegen.

Solche Steigerungen können wir uns hier in Deutschland nur mit dem Fernrohr anschauen. Die Wirtschaftserfolge Osteuropas basieren primär auf zwei Standbeinen: dem boomenden Export nach Westeuropa und den ständig steigenden Direktinvestitionen westlicher Konzerne. Kein Wunder, denn die Entwicklungen sind ungebrochen positiv. So stabilisieren sich die osteuropäischen Ländern auf der volkswirtschaftlichen Ebene immer weiter, z.B. durch rückläufige Inflation und sinkende Wechselkursverhältnisse der Währungen gegenüber dem USD.

Polen

Unser östlicher Nachbar ist das Aushängeschild für den erfolgreichen Aufstieg eines Emerging-Market-Landes. Tatsächlich gehört die polnische Börse zu den Top-Performern der Emerging-Markets der letzten 15 Jahre. Polen, das nach der Börsenkapitalisierung und mit über 200 gelisteten Aktiengesellschaften den größten Aktienmarkt in Osteuropa hat, trägt unter den osteuropäischen Ländern die Kapitänsbinde. Doch diese Ehre ist eher historischer Natur. Schon Anfang der Achtziger gab es in Polen mit der »Solidarnosc«-Bewegung starke, demokratisch orientierte Reformkräfte. 1989 fanden in Polen die ersten demokratischen Wahlen des Ostblocks statt.

Der Leitindex der Börse Warschau heißt »WIG 20«. Alternativ hat die innovative Börse Wien den »Polish Traded Index« (PTX) ins Leben gerufen. Der in Euro berechnete PTX umfasst zehn der größten polnischen Aktien.

Polen	
Größe:	312.700 qkm
Bevölkerungsanzahl:	39 Mio.
Hauptstadt:	Warschau
Währung:	Zloty
Börsenplatz:	Warsaw Stock Exchange
Leitindex:	WIG 20
Leistungsbilanz 2004:	-3,6 Mrd. USD
BIP 2004:	242,7 Mrd. USD
BIP pro Kopf 2004:	6.293 USD
BIP-Wachstum 2004:	5,3 %
BIP-Wachstum 2005:	4,0 % (p)
BIP-Wachstum 2006:	4,5 % (p)
Arbeitslosenquote:	17,9 %
Infaltionsrate:	3,5 %

Quellen: Deutsche Bank Research, Allianz/Dresdner Bank Research, Auswärtiges Amt Wirtschaftsdaten

Diese zehn Aktien machen immerhin satte 52 % der Marktkapitalisierung des gesamten polnischen Aktienmarktes aus. Insofern kann der PTX, trotz seiner geringen Anzahl an Werten, durchaus als repräsentativ für den polnischen Markt angesehen werden. Die größten Werte sind Telekomunikacja Polska, PKN Orlen, ein Rohstoffkonzern, und die Bank Pekao.

Polen ist wie sein großes Vorbild Deutschland ein Exportland. Allerdings gibt es dabei einige Probleme. Historisch ist die polnische Wirtschaft durch eine dominierende Landwirtschaft geprägt. Aber die ehemals mächtige Agrarwirtschaft ist aufgrund fehlender technischer Standards nicht produktiv genug und damit international kaum noch konkurrenzfähig. Es wird in Polen daher einen Wandel geben, von einer durch Planwirtschaft künstlich am Leben gehaltenen Agrargesellschaft zu einer klassischen Dienstleistungsgesellschaft. Aber dieser Wandel wird noch einige Zeit dauern.

Die dadurch entstandenen gewaltigen Veränderungen sind einer der Hauptgründe für das wahrscheinlich größte Problem Polens: die extrem hohe Arbeitslosigkeit von knapp 18 %. Allerdings gibt es seit 2003 Tendenzen, dass sich das Wirtschaftswachstum langsam auch auf den Arbeitsmarkt durchschlägt und zu einer sinken Arbeitslosenquote führt. Das heißt jedoch nicht viel: Für nächstes Jahr erwartet man immer noch eine äußerst hohe Arbeitslosigkeit von 15,0 %. Aber dadurch wird sich die Inlandsnachfrage weiter beleben, was sich positiv auf die Konjunkturentwicklung auswirkt und zudem die Abhängigkeit vom Export etwas reduziert. Das größte volkswirtschaftliche Problem besteht in der hohen Staatsverschuldung.

Tschechien

Tschechien steht Polen in seinem Wirtschaftsaufschwung in nichts nach. In 2004 wuchs die tschechische Wirtschaft um 4,4 %. Für 2005 und 2006 liegen die Schätzungen bei ähnlich dynamischen Wachstumsraten von 4,2 % und 4,3 %. Getragen von einem klassischen Exportboom haben die Regionen Böhmen, Mähren und Schlesien einen phantastischen Aufstieg erlebt.

Tschechien ist ein Musterbeispiel der Vorteile, die der EU-Beitritt für einen osteuropäischen Emerging Market haben kann. Inzwischen gehen ca. 70 % der Exportwaren in EU-Länder. Über 30 % davon werden nach Deutschland verfrachtet.

Dazu wird das Land von massiv ansteigenden Direktinvestitionen ausländischer Firmen getragen. Das ist aus Sicht der westlichen Unternehmen verständlich: Hier finden sich gut ausgebildete Arbeitskräfte zu deutlich geringeren Lohnkosten als in den westeuropäischen Ländern. So liegen die Stundenlöhne in Tschechien derzeit ca. 80 % unter den Lohnsätzen in Deutschland, obwohl die Löhne in den letzten Jahren angestiegen sind. Das beflügelt jetzt langsam auch die eigene Binnenwirtschaft der 10,2 Mio. Einwohner.

Die größten wirtschaftlichen Probleme in Tschechien sind das hohe Leistungsbilanzdefizit und eine Arbeitslosigkeit von 10 %. Wie die polnische Börse hat auch der tschechische Kapitalmarkt das Problem, dass es nur eine sehr kleine Anzahl an Aktien mit ausreichender Größe und Liquidität gibt. Dabei ist die Lage im tschechischen Index »PX50« (Prague Stock Exchange 50 Index) noch dramatischer. Denn beim PX50, der übrigens inzwischen nur noch 30 Aktien besitzt, machen die vier Werte CEZ, Cesky Telecom, Erste Bank und Komercni Bank sage und schreibe 75 % der gesamten Marktkapitalisierung aus. Auch hier hat die Wiener Börse einen Parallelindex namens »Czech Traded Index« (CTX) aufgelegt, der sich aus sieben tschechischen Blue Chips zusammensetzt.

Ungarn

Aber die Verhältnisse an den Börsen in Polen und Tschechien sind noch gar nichts gegen den ultra-marktengen ungarischen Kapitalmarkt. Ungarn steht meist im Schatten der beiden anderen osteuropäischen Erfolgsstorys. Doch dies geschieht völlig zu Unrecht. So ist Ungarn das einzige Land, das seit 1996 in jedem Jahr ein positives Wachstum generieren konnte. Einen solchen Erfolg können sich weder Polen noch Tschechien auf die Fahnen schreiben. In 2004 wuchs das ungarische BIP um 4,2 % und soll sich in 2005 und 2006 auf einem hohen Niveau zwischen 3,5 % und 4,0 % einpendeln.

Zudem kann Ungarn bei 10,0 Mio. Einwohnern eine vergleichsweise geringe Arbeitslosigkeit von 6,0 % aufweisen, auch wenn die Arbeitslosigkeit in den letzten Jahren eine leicht steigende Tendenzen aufwies.

Zum Vergleich: Die Arbeitslosigkeit der anderen neu beigetretenen EU-Länder liegt durchschnittlich bei ca. 14 %. Die ausländischen Direktinvestitionen weisen wie bei den beiden anderen Ländern eine anhaltend hohe Dynamik auf.

Aber auch in Ungarn gibt es Probleme. Das Hauptproblem ist ganz klar das anhaltend hohe Defizit in der Leistungsbilanz (–8,8 Mrd. USD in 2004). Zudem klafft ein mächtiges Loch in der Größe eines Asteroidenkraters im Staatshaushalt. Diese Schieflage wird durch immer noch immens hohe Zinssätze, die Ungarn seinen Kreditgebern zahlen muss, weiter belastet.

Wie alle osteuropäischen Börsen hat auch der ungarische Leitindex »BUX« (Budapest Stock Index) in den letzten Jahren eine sagenhafte Performance hingelegt. Die Sache hat nur einen Haken: Von den zwölf im BUX enthaltenen Aktien machen die vier Werte Matáv, Mol, OTP Bank und Gedeon Richter unglaubliche 88 % der gesamten Marktkapitalisierung aus. Die Wiener-Variante heißt übrigens »Hugarian Traded Index«, kurz »HTX«. Beim HTX decken neun Werte 80 % der ungarischen Marktkapitalisierung ab.

Es bleibt also festzuhalten: Wer in Emerging Markets investieren will, der muss in Osteuropa aufgestellt sein. Der Fokus sollte dabei auf den drei großen Ländern der ersten Reihe liegen. Länder aus der zweiten Reihe, wie beispielsweise Rumänien, dienen nur als spekulative Beimischung, sind aber sehr aussichtsreich. Als hervorragende Investmentalternative für den Kauf einzelner Aktien aus Polen, Tschechien und Ungarn haben sich Zertifikate auf den so genannten »CECE«-Index bewährt. Der CECE-Index ist ein künstliches Konstrukt, das sich aus insgesamt 27 Aktien aus dem PTX, dem CTX und dem HTX zusammensetzt. Da in den drei osteuropäischen Führungsländern wie oben erwähnt jedoch einige wenige Werte die Börsen dominieren, reichen die 27 Aktien völlig aus, um die Märkte hervorragend abzudecken.

So bietet Ihnen der CECE-Index also die Chance, durch den Kauf eines einzigen Zertifikates in alle drei Premium-Märkte Osteuropas einzusteigen. Die Gewichtung ist sehr gut diversifiziert: Polen ist mit einem Anteil von ca. 45 %, die Tschechei mit 31 % und Ungarn mit 24 % gewichtet.

Kursverlauf des osteuropäischen CECE-Index 2003 bis 2005

Quelle: Market Maker

Chart 10 So sehen Sieger aus. Osteuropa ist bei internationalen Anlegern seit Jahren en vogue. Der CECE-Index ist der lebende Beweis dafür, dass Sie sich mit Fonds oder Zertifikaten auf künstlich kreierte Indizes, die sich aus verschiedenen Ländern zusammensetzen, eine goldene Nase verdienen können.

Allerdings muss Ihnen klar sein, dass Osteuropa schon sehr gut gelaufen ist und einen Teil seiner Unterbewertung gegenüber den westeuropäischen Börsen bereits abgebaut wurde. Dafür sind diese Märkte natürlich aber auch wesentlich stabiler als z.B. die Tigerstaaten (exklusive Südkorea). In den kommenden Jahren wird für die osteuropäischen Länder immer noch ein durchschnittliches Wirtschaftswachstum von 4 % pro Jahr erwartet. Das Potenzial ist also gegeben, vor allem wenn risikofreudige Anleger einen geschickten Mix aus den drei großen Staaten und den aufstrebenden Ländern der zweiten Liga bilden.

Südkorea und die Tigerstaaten

Unter den Begriff der »Tigerstaaten« fallen primär die südöstlichen Asien-Staaten wie Indonesien, Malaysia, Singapur, Taiwan, Thailand oder auch Vietnam. Dazu gehört auch Südkorea, das wie ein Riese unter Zwergen herausragt. Tatsächlich sind die Tigerstaaten zweifellos eine seltsame Gemeinschaft. Da sind auf der einen Seite arme Länder wie Thailand oder das unterentwickelte kommunistische Vietnam und auf der anderen Seite das High-Tech-Land Taiwan oder Singapur, das inzwischen eines der reichsten Länder der Erde geworden ist.

Dazu kommt das entwickelte und mächtige Südkorea, das weit über den anderen, relativ kleinen und weitaus weniger entwickelten Tigerstaaten steht. Tatsächlich hat Südkorea unter volkswirtschaftlichen Gesichtspunkten auf dieser Liste der verschiedenen Emerging Markets nichts verloren. Denn das Land ist mit seiner voll entwickelten Wirtschaft weiter als jedes andere Land außerhalb der G-6-Staaten. In der Tat wird Südkorea der nächste Emerging Market sein, der zu einem Industrieland heraufgestuft wird und die magische Schwelle erfolgreich überschrei-

Südkorea	
Größe:	98.400 qkm
Bevölkerungsanzahl:	48 Mio.
Hauptstadt:	Seoul
Währung:	Won
Börsenplatz:	Korea Stock Exchange
Leitindex:	Kospi 200
Leistungsbilanz 2004:	+4,0 Mrd. USD
BIP 2004:	683,9 Mrd. USD
BIP pro Kopf 2004:	14.100 USD
BIP-Wachstum 2004:	4,6 %
BIP-Wachstum 2005:	4,1 % (p)
BIP-Wachstum 2006:	5,0 % (p)
Arbeitslosenquote:	3,4 %
Infaltionsrate:	3,6 %

Quellen: Deutsche Bank Research, Allianz/Dresdner Bank Research, Auswärtiges Amt Wirtschaftsdaten

tet. Aber noch ist es nicht so weit, und am Kapitalmarkt wird Südkorea immer noch – wenn auch zu Unrecht – in den Emerging-Markets-Topf geworfen. Deshalb müssen Sie über dieses Land als Aushängeschild der Tigerstaaten Bescheid wissen.

Südkorea zählt, gemessen an seiner Einwohnerzahl, zu den Zwergen Asiens. Aber wirtschaftlich ist Südkorea eine Macht. Das Hochtechnologie-Land basiert auf einer klassischen Exportwirtschaft. Denn mit nur 48 Mio. Einwohnern ist der inländische Konsummarkt zu klein für ein Wirtschaftswachstum, das Südkorea in die Spitze der Weltwirtschaften bringt. Südkorea ist vor allem für seine High-Tech-Forschung und -Industrie bekannt.

Der wirkliche Aufschwung entstand erst im Anschluss an die schwere Asien-Krise 1997. Denn im Zuge weit reichender Reformen wurden die typisch asiatischen Großkonglomerate zerschlagen, die zuvor die Politik und die Wirtschaft Südkoreas fest in ihren Händen hielten. Bei diesen Konglomeraten wie Samsung, LG oder Hyundai handelte es sich um riesige Familienkonzerne, die über unzählige Beteiligungen und Überkreuzverflechtungen in allen Wirtschaftszweigen präsent waren.

Dazu müssen Sie wissen, dass bei den asiatischen Unternehmen jahrzehntelang nicht Profitabilität, sondern pure Größe die Messlatte für Erfolg war. Also kauften sich die Konglomerate in alles ein, was mehr Umsatz machte als der Saft-Stand eines Achtjährigen. So entstanden unglaublich aufgeblähte Konzerne mit unkrautartigen Beteiligungswucherungen, die teilweise hoch defizitär arbeiteten, da es nur unzureichende Synergieeffekte zwischen den einzelnen Branchen gab.

Doch die guten Kontakte der Familienclans und die als »Crony Capitalism« bekannt gewordenen engen Verflechtungen in die Politik und die Bankenwelt hielten diese Konglomerate immer weiter am Leben. Aber nach der schweren Asien-Krise sprengte man in Südkorea diese Konglomerate.

Gepaart mit einer Sanierung des maroden Bankensystems war dies der schmerzliche Startschuss für den Aufschwung Südkoreas, der als »Wirtschaftswunder vom Han-Fluss« bezeichnet wird. Schmerzlich deshalb, weil einige der Konglomerate natürlich ohne die staatliche und finanzielle Hilfe der Banken Konkurs gingen. Das traf auch die Banken. Und wie: 25 % aller Banken und Investmenthäuser gingen im Zuge der radikalen Reformen Pleite. Zeitweise betrug die Arbeitslosigkeit Anfang des neuen Jahrtausends 12 %.

Doch die Maßnahmen haben gewirkt. Heute präsentiert sich Südkorea als kerngesunde Wirtschaftsnation, die zu den erfolgreichsten der Welt gehört (Nummer zehn weltweit). Angeführt wird die südkoreanische Wirtschaft vom Flaggschiff Samsung Electronics, das als eines von nur neun Unternehmen auf der gesamten Welt über 10 Mrd. USD Gewinn macht. Die Rolle von Samsung ist so dominant, dass der Elektronik-Riese in 2004 allein 7,4 % des gesamten südkoreanischen BIP ausmachte und für 16,3 % aller Exporte verantwortlich war. Es ist überhaupt keine Frage: Das Land der Morgenröte befindet sich auf direktem Kurs in den Hafen der Industrienationen.

Allerdings besitzt Südkorea einige Risiken, die Sie auf keinen Fall vernachlässigen dürfen. Als Erstes springt hier natürlich sofort die politische Situation ins Auge. Seit dem Zweiten Weltkrieg ist Korea gespalten, und es hat bisher kaum ernsthafte Annährungen gegeben. Das kommunistische Nordkorea ist eine Atommacht, und die politische Bedrohung hängt seit Jahrzehnten wie ein Damoklesschwert über Südkorea.

Zudem trägt die Cowboy-Mentalität von US-Präsident Bushs internationaler Politik, dem Nordkorea schon lange ein Dorn im Auge ist, nicht gerade zur politischen Stabilisierung bei. Eine politische Krise könnte den südkoreanischen Börsenindex Kospi 200 blitzschnell deutlich unter Druck bringen. Auf der anderen Seite ist das Risiko einer Vereinigung aber genau so hoch. Eine Widervereinigung zwischen dem Süden und dem fast bankrotten Norden hätte einen gravierenden negativen Effekt auf Südkoreas Volkswirtschaft.

Unbedingt berücksichtigen müssen Sie auch, dass Südkorea durch seine Exportlastigkeit eine deutlich höhere Korrelation zu der Entwicklung der Weltwirtschaft aufweist als andere Emerging Markets. Zudem zeigt sich beim Kospi 200 aufgrund seiner starken Technologielastigkeit eine für Emerging Markets ungewöhnlich hohe Korrelation zur amerikanischen Technologiebörse Nasdaq. Seien Sie also vorsichtig: Wenn Sie stark in amerikanischen High Techs investiert sind, bietet Südkorea keine besonders gute Diversifikationsmöglichkeit.

Was für Südkorea gilt, trifft fast spiegelbildlich auch auf das zweite Hochtechnologieland der Tigerstaaten zu: Taiwan. Der Inselstaat ist inzwischen hinter China die zweitgrößte Börse Asiens (gemessen an der Marktkapitalisierung). Das liegt natürlich an der überragenden Rolle, die Taiwan inzwischen im globalen High-Tech-Markt, und hier insbesondere im Chipsektor, einnimmt. Einige der größten Chiphersteller der Welt wie TMSC Taiwan Semiconductor kommen von der abtrünnigen chinesischen Insel. Die Risiken wirken fast wie von Südkorea geklont. Dabei handelt es sich um die politischen Streitigkeiten mit China und die große Abhängigkeit vom Nasdaq.

Doch auch andere Tigerstaaten sind hoch interessant, wenn auch teilweise mit großen Risiken behaftet. So werden Länder wie Thailand oder Indonesien in den kommenden Jahren dynamisch um 4,0 bis 5,0 % wachsen. Allerdings sind beide Länder politisch sehr instabil. Einer der spannendsten Emerging Markets von morgen wird Vietnam werden. Die Wirtschaft in dem kommunistischen Land boomt. Seit Jahren liegt die Wirtschaftswachstumsrate bei 7 %. Auch für 2006 rechnet die vietnamesische Regierung mit 7 % oder sogar mehr. Vietnam ist vor allem für seine Öl- und Textilexporte bekannt und verfügt über beträchtliche Reserven des flüssigen Goldes. Vietnams Ass im Ärmel ist jedoch die Bevölkerungsstruktur. Sage und schreibe 50 % der Bevölkerung (ca. 80 Mio.) sind unter 25 Jahre alt.

Auch wenn sich die Pro-Kopf-Einkommen noch auf einem sehr niedrigen Niveau befinden – hier ist die Basis für einen von Konsum getriebenen Wirtschaftsaufschwung gelegt. Allerdings befindet sich dieses Land noch in einem sehr frühen Entwicklungsstadium und hat noch einen langen Weg vor sich. Aber hier werden Sie sozusagen die Chance haben, von Anfang an dabei zu sein. Leider ist es bisher extrem schwer, in Vietnam zu investieren. Denn die kommunistische Regierung hat den ohnehin erst kleinen Kapitalmarkt gegenüber internationalen Investoren weitgehend abgeschottet. Wenn Sie als einer der ersten Investoren einsteigen wollen, so geht dies nur über einige wenige Fonds, die aber in Deutschland nicht zum Vertrieb zugelassen sind und nur in England über die

Börse LSE gehandelt werden können. Eine alternative Möglichkeit bilden die Aktien von internationalen, vornehmlich chinesischen Unternehmen, die auch Geschäftszweige in Vietnam besitzen.

Türkei

Es boomt am Bosporus. Die Türkei profitiert ganz klar von ihrer Schnittstelle zwischen Europa und der arabischen Welt. Dabei basiert der Aufschwung von Wirtschaft und Börse auf einem Mix aus positiven außenpolitischen Entwicklungen und erfolgreichen innenpolitischen Reformen. Seit der schweren Bankenkrise 2000/01, die das Land bis an den Rand des Staatsbankrotts führte, fahren die türkische Wirtschaft und damit auch der Kapitalmarkt auf der Überholspur. Die wichtigsten Eckpfeiler der türkischen Wirtschaft sind der Export, der Konsum, die Baubranche und der Tourismus.

Früher war die Türkei in Bankenkreisen vor allem bekannt für Hyperinflation und schwaches Wirtschaftswachstum. Erfolgsstorys sehen ohne Frage anders aus. Aber mit der beherzten Hilfe der Weltbank und des IWF konnte die türkische Regierung nach der heftigen Finanzkrise die ausufernden Inflationsraten endlich in den Griff bekommen und auf Werte knapp unter 10 % drücken. Für türkische Verhältnisse ist das schon Schweizer-Franken-Stabilität. Zudem stabilisiert sich endlich auch die türkische Lira nach einer wilden Abwertungs-Achterbahnfahrt in den Jahren 1998 bis 2003.

Die wirtschaftlichen Rahmendaten sind zweifellos spannend. So wächst die Bevölkerung jährlich um 1,6 % (ca. eine Million Neugeborene). Was den Beitrittsgegnern den Angstschweiß auf die Stirn treibt, ist für Volkswirte ein positiver Fakt. Denn es zeugt von einer jungen Gesellschaft mit zukunftsträchtiger Konsumkraft.

Der Export läuft ohnehin auf Hochtouren, und jetzt kommt noch die Aussicht auf einen EU-Beitritt hinzu. Dieser hätte noch einen weiteren Vorteil: Die Türkei, die dann das bevölkerungsreichste Land der EU sein würde, wäre dicker Nettoempfänger von EU-Subventionen, was die Wirtschaft weiter beflügelt.

Türkei	
Größe:	769.000 qkm
Bevölkerungsanzahl:	70 Mio.
Hauptstadt:	Ankara
Währung:	Türkische Lira
Börsenplatz:	Istanbul Stock Exchange
Leitindex:	ISE 30
Leistungsbilanz 2004:	–15,4 Mrd. USD
BIP 2004:	302,0 Mrd. USD
BIP pro Kopf 2004:	4.200 USD
BIP-Wachstum 2004:	8,4 %
BIP-Wachstum 2005:	7,0 % (p)
BIP-Wachstum 2006:	6,0 % (p)
Arbeitslosenquote:	10,0 %
Inflationsrate:	8,6 %

Quellen: Deutsche Bank Research, Allianz/Dresdner Research

Am Kapitalmarkt sind Investoren davon überzeugt, dass der EU-Beitritt nur eine Frage der Zeit sein wird. Zusammen mit dem ohnehin schon beeindruckenden Wirtschaftswachstum sorgt das an der türkischen Börse ISE seit einigen Jahren für Champagnerlaune. Der Leitindex »ISE National 30« beinhaltet die 30 größten türkischen Werte. Die Schwergewichte sind die beiden Banken Turkiye Is Bankasi und die Akbank sowie der Telecomriese Turkcell und der Stahlhersteller Eregli Demir.

Trotz aller beachtlichen Erfolge in der Wirtschaft und auf dem Börsenparkett sind die Risiken nicht unerheblich. Neben den volkswirtschaftlichen Belastungsfaktoren, wie hoher Inflation, gibt es in der Türkei aber zwei dominierende Hauptprobleme:

1) Die Finanzmärkte haben mit den starken Kursanstiegen klar gemacht, was sie sehen wollen: den Beitritt in die EU. Ein Großteil des jüngsten Türkei-Hypes, insbesondere in 2004, war von der Phantasie eines möglichen EU-Beitritts getrieben. Außenpolitisch ist der EU-Beitritt aber noch keineswegs in trockenen Tüchern. Bis zu einer Aufnahme ist es weiterhin ein langer Weg.

Die türkische Regierung von Premierminister Recep Erdogan muss noch zeigen, ob sie tatsächlich in der Lage ist, die von den Westeuropäern eingeforderten Reformen ohne innenpolitische Krisen vollständig umzusetzen. So ist die medienträchtige Bedingung über die Einhaltung und Achtung der Menschenrechte laut Europäischer Kommission zwar inzwischen erfüllt, aber dies ist nur eine von vielen notwendigen Reformen.

2) Das führt zu dem anderen Hauptproblem: die islamisch dominierte Gesellschaftsstruktur. Die zahlreichen Bombenanschläge haben gezeigt, dass die Kurden-Problematik inzwischen längst nicht mehr die einzige politische Sorge in Ankara ist. Fraglos existiert in der Türkei ein islamischer Fundamentalismus, dessen Bedrohung für den Demokratisierungsprozess und die Börsenentwicklung nicht unterschätzt werden darf.

Alle diese Faktoren zusammen machen die Türkei auch in den kommenden Jahren zu einer der interessantesten Anlageregionen der Welt. Aber obwohl dieser Emerging Market direkt vor unserer Haustür liegt, ist die Türkei kein Kerninvestment. Noch eignen sich Engagements im türkischen Markt nur als spekulative Beimischungen.

Naher Osten

Diese Region hat im Westen noch so gut wie niemand auf der Rechnung. Die Gründe sind klar, und Sie sehen sie leider fast jeden Tag in den Nachrichten. Teile der Region am Persischen Golf sind politisch so stabil wie ein zweibeiniger Gartenstuhl. Aber nach meiner Meinung wird der Nahe Osten in einigen Jahren eine der heißesten Emerging-Markets-Regionen werden. Nicht heute, nicht morgen, aber übermorgen.

Denn natürlich haben viele der Länder dieser Region zwar jede Menge Geld, sind aber gesellschaftlich und vor allem politisch vom Status eines Industrielandes weit entfernt. Zudem besitzen bisher lediglich Ägypten und Israel funktionierende Kapitalmärkte, die den Ansprüchen internationaler Investoren in Ansätzen gerecht werden. Die meisten Länder der Region verfügen erst über sehr unterentwickelte Börsen, die zum Großteil für internationale Investoren überhaupt nicht zugänglich sind.

Vereinigte Arabische Emirate	
Größe:	82.880 qkm
Bevölkerungsanzahl:	4,39 Mio.
Hauptstadt:	Abu Dhabi
Währung:	U.A.E. Dirham
Börsenplatz:	Dubai Financial Market
Leitindex:	DSI
Leistungsbilanz 2004:	+ 13,6 Mrd. USD
BIP 2004:	90,1 Mrd. USD
BIP pro Kopf 2004:	20.524 USD
BIP-Wachstum 2004:	9,3 %
BIP-Wachstum 2005:	8,8 % (p)
BIP-Wachstum 2006:	8,0 % (p)
Arbeitslosenquote:	2,4 %
Infaltionsrate:	3,6 %

Quellen: CIA-World Factbook, Auswärtiges Amt Wirtschaftsdaten, eigene Schätzungen

Trotzdem bin ich fest davon überzeugt, dass diese Region in zehn Jahren in aller Munde sein wird. Warum? Ich gehe davon aus, dass die Vereinigten Arabischen Emirate zum neuen Finanzzentrum neben der Wall Street aufsteigen werden.

Dafür sprechen vor allem vier Gründe:

1. Ob Königsfamilien, Ölmagnaten oder Großunternehmer, in den Ländern des Nahen Ostens verfügen Menschen über Vermögen, die jenseits unserer Vorstellung liegen. Hier lebt der weltweite Löwenanteil der wahren Superreichen. In Dubai und Co. könnten die Aldi-Brüder gerade mal als Parkwächter anfangen. Und es wird immer mehr Geld. Die seriöse Finanzzeitung *Financial Times Deutschland* zitierte im Juni 2005 Prognosen, die errechnet haben, dass sich das Gesamtvermögen der arabischen Mega-Millionäre bis 2009 jährlich um 9,1 % auf 1.500 Mrd. USD erhöhen wird. 1.500 Mrd. USD! Wow, das ist fast so viel, wie ich in einem Monat verdiene. Dieses Geld will investiert werden.

2. Aber eben nicht mehr in den USA und auch immer weniger in Europa. Seit den Terroranschlägen am 11. September 2001 findet ein Sinneswan-

del im Finanzverhalten der arabischen Welt statt. Dieser wird durch die katastrophale Außenpolitik der Bush-Administration noch beschleunigt. Früher investierten die Vermögensverwalter der Scheichs das Geld ihrer Bosse rund um den Globus, vor allem in den USA, Japan und Europa. Aber seit den Anschlägen auf das World Trade Center haben viele Araber ihr Kapital zurück an den Golf geholt, weil sie glauben, dass es dort sicherer ist. Dabei sorgten die Sperrungen einiger US-Konten von Arabern aufgrund von Terrorverdächtigungen unter den Scheichs für Aufruhr. Noch sind ca. 70 % der Ölmilliarden im Ausland investiert. Jetzt wollen die Milliardäre ihr Kapital jedoch lieber in der Nähe haben und holen immer mehr Gelder zurück in den arabischen Raum.

3. Warum auch nicht. Schließlich boomt die Wirtschaft daheim. Teilweise wächst die Wirtschaft um 6 % pro Jahr. Triebfeder ist natürlich der steigende Ölpreis. Wenn Sie, wie ich, von einem langfristig steigenden Ölpreis ausgehen, können Sie sich leicht vorstellen, wie sich die Wirtschaft in der Golf-Region entwickeln wird.

4. Gleichzeitig schauen die Scheichs aber schon auf die Jahre nach dem Ölboom. Der Tourismus wird seit einigen Jahren massiv erschlossen. Mit wachsendem Erfolg. Jetzt haben die Ölmagnaten die zweite Einnahmequelle entdeckt: die Hochfinanz.

Wer schon einmal mit den gut betuchten Herrschern über das schwarze Gold zu tun hatte, der weiß: Wenn die Scheichs etwas wollen, dann bekommen sie es auch. Dann spielt Geld keine Rolle. Ein erster Schritt soll bereits diesen Herbst/Winter erfolgen: In Dubai wird das neue Dubai International Financial Center eröffnen (im Internet: *www.difc.ae*).

Die wichtigsten Indizes für die Region Naher Osten sind der ägyptische »CASE 30«, der israelische »TA 100«, der »DSI« (Dubai Share Index) und der »Tadawul All Share Index« für Saudi-Arabien. Einen guten Überblick über die Entwicklung der Kapitalmärkte bietet Ihnen auch der »Dow Jones Arabia Titans Index«, der sich aus 50 arabischen Blue Chips aus der Region zusammensetzt.

Derzeit gibt es an den Börsen des Persischen Golfs jedoch eine Blase, die an beste Neuer-Markt-Zeiten erinnert: Fast grenzenloses Kapital trifft auf kleine Kapitalmärkte mit wenigen Aktien. Neuemissionen sind völlig überzeichnet. Viele Bewohner der Region haben zwar sehr viel Geld, aber sehr wenig Ahnung von den Finanzmärkten. Wie in den Boom-Zeiten der New-Economy-Blase werden hier Aktien einfach nur gekauft, weil ein Arbeitskollege gesagt hat, dass sie gut sind. Die KGVs der Börsen sind jenseits von Gut und Böse. Diese Blase muss platzen, und sie wird platzen. Aber nach der unaufhaltsamen Marktbereinigung wird dieser Markt richtig spannend werden.

Neben der fehlenden Aktienkultur und der aktuellen Börsenblase geht die Gefahr von dem bekannten politischen Pulverfass aus den radikalen Strömungen des islamischen Glaubens aus. Wenn extreme Verfechter des Islam die politische Macht erlangen, ist eine seriöse Prognose über die Entwicklung des jeweiligen Kapitalmarktes unmöglich. Bestes Beispiel ist der Iran, der einfach den Besitz iranischer Aktien für Ausländer verboten hat und in der Vergangenheit iranische Aktiengesellschaften zwangsverstaatlichte und damit private Eigentümer einfach enteignete.

Zudem besitzen viele dieser Länder noch extrem strenge Kapitalmarktgesetze gegen ausländisches Kapital, die internationalen Anlegern kaum einen Markteinstieg ermöglichen. Ich glaube jedoch, dass sich dies mittelfristig ändern wird, wenn sich bei den Scheichs der Wille durchsetzt, zu einer weltweiten Finanzmetropole aufzusteigen. Vergessen Sie meine Worte nicht: Die neue Finanzmetropole der Welt von morgen wird nicht in Shanghai oder Mumbai (ehemals Bombay) sondern am persischen Golf stehen. Das wird noch Jahre dauern, aber so wird es kommen.

Afrika

Afrika ist zweifellos ein phantastisches Land mit wunderschönen Landschaften und Sehenswürdigkeiten. Nach meiner Meinung sollte jeder Mensch mindestens einmal dort gewesen sein. Aber dies ist keine Ausgabe von *National Geographic,* sondern ein Börsenbuch. Aus diesem Grund muss ich Ihnen knallhart sagen: Durch die Brille des Kapitalmarktes betrachtet, können Sie Zentralafrika komplett streichen. Dort gibt es ein paar Kaffeebohnen, drei verlaufene Elefanten, ein Zebra, und das war es.

Teilweise finden Sie an den afrikanischen Regionalbörsen Aktienkurse, die mehrere Tage alt sind. Das sind inakzeptable Investmentverhältnisse. In den letzten Jahren haben vor allem die zentralafrikanischen Länder verschiedene Versuche gestartet, ihre winzigen Regionalbörsen zu vereinen. Das ist ein erster Schritt in die richtige Richtung, aber es ändert nichts daran, dass Afrika noch meilenweit davon entfernt ist, eine interessante Anlageregion zu werden. Immerhin profitiert Afrika inzwischen vom anziehenden Süd-Süd-Handel mit den boomenden asiatischen Staaten, allen voran China und Indien. Denn die sind natürlich heiß auf die Rohstoffe, die unter Afrikas trockenem Boden liegen.

Doch viel ändern wird auch das nicht. Seit den Sechzigern ist der Anteil Afrikas am Welthandel von 9,0 % auf heute unter 2,0 % geschrumpft. Auch in der nächsten Dekade wird das so bleiben. Da kann Bono mit der Rockgruppe U2 so viel singen, wie er will. Die für Börsianer einzigen interessanten Länder des Schwarzen Kontinents sind Südafrika und Ägypten. Aber Ägypten ist eigentlich der Region »Naher Osten« zuzurechnen.

Gehen wir also deshalb an dieser Stelle auf Südafrika ein. Das Land bringt als einziger afrikanischer Staat die Voraussetzungen mit, als Emer-

Südafrika	
Größe:	1.21 Mio. qkm
Bevölkerungsanzahl:	46 Mio.
Hauptstadt:	Pretoria
Währung:	Rand
Börsenplatz:	Johannesburg Securities Exchange
Leitindex:	JSE All Share
Leistungsbilanz 2004:	–6,9 Mrd. USD
BIP 2004:	213,0 Mrd. USD
BIP pro Kopf 2004:	4.500 USD
BIP-Wachstum 2004:	3,7 %
BIP-Wachstum 2005:	3,5 % (p)
BIP-Wachstum 2006:	3,2 % (p)
Arbeitslosenquote:	29,9 %
Inflationsrate:	1,4 %

Quellen: Deutsche Bank Research, Allianz/Dresdner Bank Research, Auswärtiges Amt Wirtschaftsdaten

ging Market bezeichnet zu werden. So verwundert es auch nicht, dass knapp 80 % der Marktkapitalisierung des gesamten afrikanischen Kontinents auf das Land am Kap der guten Hoffnung entfallen.

Seit dem Ende der Apartheid 1991 ist Südafrika das politische und wirtschaftliche Aushängeschild Afrikas. Tatsächlich hat das Land unter Präsident Thabo Mbeki, der 1999 die lebende Legende Nelson Mandela ablöste, große Fortschritte gemacht. Sowohl innenpolitisch als auch international. Deshalb wurden die internationalen Sanktionen vieler westlicher Länder nach dem Ende der Apartheid aufgehoben, und Südafrika ist inzwischen zu einem voll respektierten Mitglied des globalen Wirtschaftshandels aufgestiegen. Innenpolitisch konnten in den letzten Jahren die Inflation in akzeptable Schranken zurückgedrängt, das Staatsdefizit gesenkt und die Privatisierung von Staatsfirmen vorangetrieben werden.

Insgesamt hat dies dazu geführt, dass Südafrika mit weitem Abstand der attraktivste Wirtschaftsstandort auf dem afrikanischen Kontinent ist. Immerhin finden Unternehmer wie Investoren hier eine gewisse ökonomische und politische Stabilität vor. Beeindruckend ist ohne Frage der Kapitalmarkt. Inzwischen ist die südafrikanische Börse unter die zehn größten Kapitalmärkte der Welt aufgestiegen. Ich wette, das haben Sie nicht gewusst.

Das Flaggschiff der südafrikanischen Wirtschaft ist ganz klar die Rohstoffindustrie, und hier besonders der Gold- und Mineraliensektor. Südafrika ist der größte Goldexporteur des Globus und Heimat einiger der größten Rohstofffirmen weltweit. 2004 konnte das BIP um 3,7 % gesteigert werden. Über die nächste Dekade ist mit einem durchschnittlichen Wachstum von gut 3,5 % zu rechnen. Das sind starke Wachstumsraten, die denen von Brasilien entsprechen.

Auch die Börse boomt. Nur haben das die wenigsten Anleger in Deutschland mitbekommen. Denn hierzulande wird die Entwicklung von Südafrika über die Aktienkurse der Goldminenkonzerne wahrgenommen. Und die haben in den letzten Jahren einen wahren Höllenritt hinter sich. Durch den starken Anstieg der südafrikanischen Währung Rand seit 2002 sind die Gewinne zusammengeschmolzen wie Schneebälle im Sommer. Genauso wie die Aktienkurse der Firmen, deren Edelmetallproduktion vornehmlich aus den Minen Südamerikas kommt. Auf die Gründe gehe ich gleich ein.

Trotzdem hat dieses Land noch einen weiten Weg vor sich. Fakt ist, dass der wirtschaftliche Aufstieg ähnlich wie in Russland oder Indien noch nicht dem breiten Volk, sondern einer kleinen Elitegruppe zugute kommt. In Südafrika ist das die weiße Oberschicht, die weiterhin den Großteil der Wirtschaft kontrolliert. So leben derzeit noch über zehn Millionen farbige Südafrikaner unter dem Existenzminimum. Noch immer ist der Analphabetismus der farbigen Bevölkerung ein riesiges Problem: Knapp 50 % der Menschen können weder lesen noch schreiben.

Ganz oben auf der Reformagenda der Regierung stehen die Bekämpfung der hohen Arbeitslosigkeit, die Integration der Volksstämme und, wie traurigerweise überall in Afrika, die Bekämpfung von AIDS. Studien besagen, dass mittlerweile bis zu 40 % der 15- bis 49-Jährigen mit dem Immunschwächevirus HIV infiziert sind. Südafrika weist damit weltweit die höchste Infektionsrate auf.

Dazu kommt die sehr hohe Kriminalität. Wer von Ihnen schon einmal in den Außenbezirken von Kapstadt oder Johannesburg war, der weiß, wovon ich rede. Sicherheit sieht anders aus. Auf ein großes Problem der südafrikanischen Wirtschaft bin ich bereits oben eingegangen: Die Wirtschaftsentwicklung ist stark von den Rohstoffpreisen – insbesondere von der Goldpreisentwicklung – und dem Wechselkursverhältnis zwischen dem südafrikanischen Rand und dem USD abhängig. Denn die Rohstoffe werden international in USD abgerechnet, die inländischen Produktionskosten der Firmen fallen aber natürlich in Rand an. Daher entwickeln sich die südafrikanischen Rohstoffunternehmen konträr zum Rand. Sprich: Fällt der Rand, steigen die Aktienkurse der Goldminenbetreiber, denn die Produktionskosten sinken. Steigt der Rand, fallen die Aktienkurse. Und genau das war in den letzten Jahren der Fall.

Die Zusammenfassung für Afrika fällt damit ziemlich leicht: Südafrika ist der einzige ernst zu nehmende Investmentstandort. Spannend ist Südafrika vor allem für Rohstoffinvestoren. Sind Sie der Meinung, dass wir uns in einem Megatrend für Rohstoffe befinden? Ich bin davon überzeugt. Ich bin auch von einem langfristigen Bullenmarkt bei Gold und Silber überzeugt. Wenn Sie meine Ansichten teilen, dann führt Sie Ihr Weg zwangsläufig in die Goldminen Südafrikas.

simplified

5 Die verschiedenen Anlageformen für Emerging Markets

Die Kunst einer erfolgreichen Anlage in Emerging Markets besteht in der richtigen Risikodiversifikation. Dafür müssen Sie die einzelnen Anlageinstrumente kennen, um sie dann nach Ihrer persönlichen Risikobereitschaft einzusetzen. Das Spektrum ist in den letzten Jahren so umfangreich geworden, dass Sie inzwischen für Emerging Markets schon eine ähnliche Anlagenvielfalt wie für den deutschen Markt vorfinden.

Allerdings führt dieses Überangebot gerade bei Anfängern zu Irritationen. Deshalb will ich Ihnen die einzelnen Anlagemöglichkeiten im Folgenden genauer vorstellen. Denn jedes Anlageinstrument hat Vor- und Nachteile.

Anlegen mit Fonds – das Fundament Ihrer Investition

Traditionell ist der Kauf von Fondsanteilen der klassische Weg für Ihre Anlage in der Welt der Emerging Markets. Jede größere Fondsgesellschaft bietet inzwischen Produkte auf China, Indien oder die Tigerstaaten an. Derzeit gibt es über 300 Fonds, die sich mit dem Thema Emerging Markets befassen. Diese Fonds werden von ihren Managern aktiv betreut, und das Kapital wird nach individuellen Auswahlkriterien in zahlreiche Einzelwerte investiert. Dabei gibt es sowohl Fonds auf Aktien als auch auf Anleihen. Im Folgenden konzentrieren wir uns auf Aktienfonds.

Die Fondsanlage hat viele Vorteile. Der größte Vorteil ist, dass Sie die Chance haben, mit einem geringen Kapitaleinsatz eine extrem hohe Diversifikation zu erreichen. Denn Sie investieren mit einem Fondsanteil gleichzeitig in eine Vielzahl an Unternehmen (meist um die 100). Deshalb bieten Fonds gerade Privatanlegern mit wenig Geld die Chance einer

Quelle: Market Maker

Chart 11 Was Sie hier sehen, ist nicht der Chart eines hoch spekulativen Penny Stocks, sondern des grundsoliden Emerging-Market-Fonds »Korea A« des hochseriösen Fonds-Riesen Fidelity. Selbst ein so guter Fonds eines so etablierten Emittenten weist extreme Volatilitäten auf. Es ist also ein bei Privatanlegern weit verbreiteter Irrtum, dass Emerging-Market-Fonds keine hohen Kursschwankungen aufweisen.

gut diversifizierten Emerging-Markets-Investition. Zudem gibt es herausragende Fonds, die es geschafft haben, über Jahre ihren Index zu schlagen. Das bedeutet: In Hausse-Phasen gewinnen Sie mit diesen Fonds mehr, und in Baisse-Phasen verlieren Sie weniger als der Vergleichsindex, die so genannte Benchmark. Aber so hervorragend diese Fonds auch sind, so selten sind sie.

Es ist leider ein weit verbreiteter Trugschluss zu glauben, dass Sie sich nach dem Kauf eines Emerging-Markets-Fonds um nichts mehr kümmern und nur noch das Portemonnaie aufhalten müssen. Auch bei der Fondsanlage ist es unverzichtbar, dass Sie sich regelmäßig über die Entwicklung des Emerging Markets informieren.

Zudem haben Fonds drei gewichtige Nachteile.

1) Gerade für exotische Fonds wie eben Emerging-Markets-Fonds verlangen die Banken oft überdurchschnittlich hohe Gebühren. Diese Gebühren setzen sich aus dem einmaligem Ausgabeaufschlag beim Kauf und den jährlich anfallenden Verwaltungsgebühren zusammen. Schauen Sie sich *Tabelle 3* an. Solche Fonds müssen im ersten Jahr erst einmal zwischen 5,75 und 6,80 % Wertsteigerung vollbringen, bis Sie überhaupt einen Cent Gewinn machen. Darunter verdient nur die Bank. Und diese Gebühren fallen immer an, selbst wenn der Fond in dem Jahr ein Minus produziert. Zudem haben jetzt einige Fonds angefangen, Performance-Gebüh-

Kostenaufstellung für unterschiedliche Fonds aus verschiedenen Emerging-Market-Regionen

Name	Fondsgesellschaft	ISIN	Ausgabeaufschlag	Verwaltungsgebühr p.a.	Performance-Beteiligung
BRIC Freestyle Fund	HSBC	LU0214875626	5,54 %	1,00 %	00,0 %
China Quant*	Aquila Capital	LU0176967429	4,00 %	1,75 %	10,0 %
Eastern European Fund	Thames River	IE0009751193	5,00 %	1,75 %	20,0 %
South Africa Equity Fund	UBS	CH0002785738	5,00 %	1,80 %	00,0 %

** Quant-Fonds sind eine ganz neue Entwicklung der Fondsbranche und noch relativ selten. Der Zusatz »Quant« bedeutet, dass die Anlageentscheidungen nicht mehr durch einen Fondsmanager, sondern durch Computermodelle gesteuert werden.*

Quelle: Eigenes Research

Tabelle 3 Schauen Sie sich nur die Kosten an, die Emerging Markets-Fonds verlangen. Beim »China Qaunt«-Fonds fällt eine jährliche Verwaltungsgebühr von 1,75 % an, obwohl der Fonds computergestützt gemanagt wird. Der »Eastern European Fund« erhebt eine Performance-Beteiligung von satten 20 % p.a. auf jegliche Outperformance der Vergleichs-Benchmark. Beispiel: Wenn der Fonds 20 % steigt, die Benchmark aber nur 10 %, dann hat der Fonds eine Outperformance von 10 % geschafft. Sie erhalten davon aber nur 8 %, denn 2 % zweigt die Fondsgesellschaft für sich ab, obwohl Sie 100 % des Risikos tragen.

ren zu erheben. Das bedeutet: Wenn der Fonds Gewinne erzielt, behält die Bank einen vorher festgesetzten Anteil als Gewinnprämie ein.

Aber da die Emittenten wissen, dass die meisten Anleger auf diese Fonds angewiesen sind, gibt es auf solche Fonds nur selten Rabatte. Checken Sie deshalb unbedingt die Internetseiten der Discountbroker. Diese bieten immer wieder Sonderaktionen an, bei denen der Ausgabeaufschlag teilweise oder sogar zu 100 % erlassen wird. Ein Top-Angebot, bei dem keine der trägen Hausbanken mithalten kann.

Fairerweise muss ich sagen, dass die hohen Gebühren nicht vollkommen aus der Luft gegriffen sind. Denn die Anlagekosten in Emerging Markets sind für die Fondsgesellschaften höher als bei Fondsprodukten auf deutsche oder europäische Aktien. Das rechtfertigt jedoch nicht die teilweise überteuerten Aufschläge.

2) Studien zeigen, dass es der Großteil der Fondsmanager nicht schafft, den jeweiligen Vergleichsindex zu schlagen. Neue Studien haben ergeben, dass es sage und schreibe 80 % der Fonds nicht gelingt, ihre Benchmark zu übertreffen.

   Daher sind viele Fondsmanager dazu übergegangen, sich einfach auf die großen Aktien des Landesindex zu fokussieren, da so die Chance geringer ist, schlechter als der Index abzuschneiden. Das bedeutet im Umkehrschluss: Wenn die teuren Fonds sowieso nur den Index abbilden, dann können Sie sich auch direkt ein einfaches Indexzertifikat kaufen. Damit schlagen Sie den Großteil aller Fonds und zahlen dazu auch noch weniger Gebühren. Sehen Sie dazu auch die *Tabelle 6* auf Seite 127.

   Oder anders ausgedrückt: Da die Fonds aktiv gemanagt werden, dürfen Sie die Verlustrisiken nicht unterschätzen. Oftmals wird bei Fonds damit geworben, dass die Risiken niedrig sind, aber es zeigt sich immer wieder, dass es schlechte Manager gibt, die selbst in einem guten Börsenumfeld katastrophale Verluste produzieren. Das Risiko ist also keineswegs zu vernachlässigen.

3) Fonds unterliegen dem eigenen Richtlinienkatalog der jeweiligen Banken. Diese Richtlinien sind von Institution zu Institution verschieden. Eine

Richtlinie, die alle seriösen Fondsanbieter jedoch gemeinsam haben, ist, dass die Manager einen bestimmten Prozentsatz an Cash halten müssen, um so Mittelabflüsse bedienen zu können, ohne Investments liquidieren zu müssen. Normal sind Quoten zwischen 10 und 15 %. Das heißt aber für Sie: Von einem Euro werden in Wirklichkeit nur 90 bis 85 Cent investiert. Das ist nicht im Sinne des Erfinders, denn schließlich kaufen Sie ja für beispielsweise 1.000 Euro Fondsanteile, um mit 1.000 Euro in diesen Emerging Market einzusteigen, und nicht nur mit 900 Euro.

Exkurs: Fondssparpläne

Eine sehr beliebte Methode bei der Fondsanlage sind so genannte »Fondssparpläne«. Dabei werden von der Hausbank des Anlegers für diesen jeden Monat automatisch Fondsanteile für einen festgesetzten Betrag (z. B. 100 Euro) gekauft. Fondssparpläne sind vor allem für Privatanleger mit kleinem Geldbeutel interessant, die nicht sofort mit großen Summen in einen Fonds einsteigen können, sondern nach und nach einen Teil ihres monatlichen Einkommens investieren wollen.

Zudem haben Sparpläne noch einen weiteren Vorteil: Durch den regelmäßigen Kauf von Fondsanteilen in der gleichen finanziellen Größenordnung können Sie die überdurchschnittlichen Schwankungen von Emerging-Markets-Fonds ausnutzen, um Ihren Kaufpreis zu verbilligen. Denn wenn der Kurs des Fonds fällt, können Sie so für den gleichen Betrag mehr Fondsanteile kaufen. Diese Entwicklung nennt man »Cost Averaging«. Bitte beachten Sie aber, dass es nicht alle Fonds auch als Sparpläne gibt. Fragen Sie diesbezüglich bei den Emittenten an.

Es gibt drei Gattungen von Emerging-Markets-Aktienfonds: den »Globalen Aktienfonds«, den »Regionalen Aktienfonds« und »Länderfonds«. Dabei gilt: Je spezifischer der Fonds wird, desto höher werden die Gewinnchancen, aber auch die Risiken.

Globale Aktienfonds streuen ihr Kapital auf alle Emerging Markets dieser Welt. Das bedeutet für die Anleger eine unschlagbar gute Diversifizierung, die aber natürlich auf Kosten der Performance geht. Denn diese Fonds sind immer nur mit einem Teil ihres Kapitals in den aktuell heißen Emerging Markets investiert. Regionenfonds konzentrieren sich dementsprechend auf eine bestimmte Region, z. B. Asien exklusive Japan (da Japan ja kein Emerging Market ist).

Die Spitze bilden Länderfonds, deren Manager exklusiv nur in ein bestimmtes Land investieren. Hier liegen Chance und Risiko klar beieinander: Ist genau dieses Land derzeit der Liebling der Börsen, dann gewinnen Sie deutlich mehr als mit den beiden anderen Fondsgattungen. Aber wenn das Land out ist, dann verdienen Sie keine leere Cola-Dose mit Ihren Anteilen.

Lassen Sie sich deshalb von Ihrem Bankberater nichts erzählen. Gerade bei der Auswahl des richtigen Emerging-Markets-Fonds ist das »Fondspicking«, also die Suche nach dem besten Fonds, die absolute Oberpflicht. Denn gerade im Bereich Emerging Markets gibt es sehr schlechte, ziemlich durchschnittliche, aber auch sensationelle Fonds mit hochkompetenten Managern, die ihre Vergleichsindizes seit Jahren um Längen geschlagen haben.

So gehen Sie bei der Fondauswahl vor: Jedes gute Börsenmagazin am Kiosk bietet Ihnen eine Auflistung der Fonds aller großen Anbieter. Suchen Sie sich z. B. alle Indien-Fonds heraus. Wenn Sie mit dem Internet umgehen können, geht es sogar wesentlich schneller. Rufen Sie sich auf einer der Seiten verschiedenen Finanzinformationsanbieter einfach einen Vergleich aller Indien-Fonds auf. Vergleichen Sie dann die Performance der letzten drei und fünf Jahre. Hier ist die langfristige Performance entscheidender als der Ein-Jahres-Vergleich. Selbst der beste Fondsmanager hat mal ein schlechtes Quartal oder Jahr. Aber langfristig setzt sich Qualität im Fondsmanagement immer durch, weshalb die Drei- und Fünf-Jahres-Kennzahlen entscheidend sind.

Dann vergleichen Sie die Performance der Fonds mit der Performance des jeweiligen Index (z. B. des MSCI-EMF-Index für Globale Emerging-Markets-Fonds oder des Set 50 für Thailand-Fonds). Denn es ist nicht nur wichtig, welcher Fonds die höchste Performance erzielt hat, sondern ob er auch besser als der Index war. Sonst brauchen Sie keinen teuren Fondsmanager zu bezahlen, sondern können direkt auf ein Indexzertifikat setzen.

Die drei besten Fonds aus diesen beiden Analysen kommen weiter. Der Rest wird gestrichen. Von diesen drei Fonds vergleichen Sie dann die Gebührenstruktur. Hier können unter den verschiedenen Fonds Schwankungen von bis zu 4 % auftreten. Das ist ein riesiger Unterschied. Diese Kosten subtrahieren Sie von der erzielten Performance. Danach überprüfen Sie bei den bekannten Online-Brokern, ob es auf diese Fonds einen Discount gibt (das heißt: Sie zahlen z. B. nur die Hälfte der Gebühren etc.). Auch die Discounts werden eingerechnet, und dann erfolgt die Endabrechnung. Der Fonds mit der höchsten Performance ist Ihre Wahl.

Eine weitere Möglichkeit der richtigen Fondsauswahl sind die so genannten Fonds-Rankings von Morningstar und Standard & Poor's. Beide Rating-Agenturen bewerten die Fonds und zeichnen die besten mit einem identischen Sternesystem aus. Dabei sind fünf Sterne bei beiden Agenturen die höchste Auszeichnung und besagen, dass dieser Fonds zu den Top 10 % des speziellen Fondssektors gehört. Ein Stern wäre dann im Gegenzug quasi eine wandelnde Geldvernichtungsmaschine. Es ist ganz klar, dass vier und vor allem fünf Sterne ein herausragendes Qualitätssiegel sind, das nur wenigen Fonds zuteil wird.

Ich weiß, dass die Fondsauswahl viel Arbeit macht. Aber dieser Mehraufwand wird sich für Sie in barer Münze auszahlen. Wenn Sie das Research im Internet durchführen, kostet Sie es vielleicht eine Stunde Zeit. Und diese 60 Minuten werden die bestbezahlten 60 Minuten Ihres Lebens sein. Was meine ich damit? Schauen Sie sich nur die Performance-Unterschiede der Indien-Fonds in der folgenden Tabelle an.

Performance-Vergleich von vier verschiedenen Indien-Fonds

Name	S&P-Rating	Morningstar-Rating	Performance 1 Jahr	Performance 3 Jahre	Performance 5 Jahre
Fonds 1	***	*****	+ 72,09 %	+ 248,72 %	+ 131,51 %
Fonds 2	****	*****	+ 62,38 %	+ 237,32 %	+ 122,29 %
Fonds 3	****	*****	+ 60,13 %	+ 266,31 %	+ 212,40 %
Fonds 4	**	*****	+ 54,46 %	+ 182,89 %	+ 99,29 %

Quelle: Onvista

Tabelle 4 Bei allen hier aufgelisteten Fonds handelt es sich um reale Produkte. Ich habe die Namen lediglich durch die Bezeichnung »Fonds 1 bis Fonds 4« ersetzt, um keine Schleichwerbung zu betreiben. Wie Sie unschwer erkennen können, sind die Performance-Unterschiede dramatisch. Auf Sicht von drei Jahren hätten Sie 83,42 % Performance verschenkt, wenn Sie statt Fonds 3 Anteile von Fonds 4 gekauft hätten. Auf Fünf-Jahres-Sicht wären es sogar unglaubliche 113,11 % gewesen.

Die Tabelle zeigt Ihnen auch, woher der Wind bei der Frage nach dem Anlagehorizont weht. Fonds sind für die langfristige Vermögensanlage konzipiert. Allein schon aufgrund der überdurchschnittlich hohen Gebühren eignen sich Fonds nicht für das kurzfristige Trading. Dennoch sind Emerging-Markets-Fonds neben langfristig orientierten Anlegern auch für mittel- bis kurzfristige Anleger die unentbehrliche Basis eines Emerging-Markets-Depots.

Anlegen mit Anleihen – das löchrige Sicherheitsnetz

Bei den beiden Begriffen »Emerging Markets« und »Anleihen« erinnert sich jeder Anleger sofort an ein Land: Argentinien. Und viele, vielleicht auch Sie, werden mit der Faust in der Tasche an Ihren Bankberater denken, der Ihnen Ende der Neunziger mit ziemlicher Wahrscheinlichkeit einen Satz wie den folgenden erzählt hat: »Ich sage Ihnen: argentinische Staatsanleihen. Das ist der Geheimtipp. Das sind Staatsanleihen, und Sie kriegen über 10 %. Da kann gar nichts schief gehen.«

Wie wenig da »schief gehen« konnte, wissen Sie: Nachdem Argentinien im Zuge seiner schweren Krise die Zahlungsunfähigkeit erklärt hatte, waren die für 20.000 DM gekauften und von Ihrem Bankberater so hoch gepriesenen argentinischen Staatsanleihen noch so viel wert wie eine Currywurst mit Pommes (für Ketchup reichte es schon nicht mehr). Was sind eigentlich Anleihen? Simplifiziert sind Anleihen nichts anderes als Schuldverschreibungen von Staaten. Der Staat braucht Geld, z. B. für Infrastrukturprojekte, und leiht es sich von Investoren. Dafür zahlt der Staat natürlich Zinsen. So wie Sie es bei Ihrer Hausbank auch tun, wenn Sie sich ein neues Auto kaufen wollen. Neben Staatsanleihen gibt es noch Unternehmensanleihen, bei denen Firmen durch die Auflage einer Anleihe Geld am Kapitalmarkt einsammeln.

Eine Anleihe setzt sich aus drei Komponenten zusammen: der Laufzeit, dem Nennwert und dem Zinskupon. Die Laufzeit zeigt an, wann eine Anleihe ausläuft. Am Ende der Laufzeit zahlt der Staat oder das Unternehmen das von Ihnen geliehene Geld zu einem Nennwert von 100 % an

Sie zurück (zumindest sollte er das). Bis zum Ende der Laufzeit erhalten Sie regelmäßig zu einem festgelegten Datum die Zinszahlungen.

Der Nennwert ist der Wert der Anleihe. An der Börse werden die Kurse von Anleihen in Prozent vom Nennwert dargestellt. Ein Anleihenkurs von 100 % bedeutet also, dass der aktuelle Wert der Anleihe genau dem ursprünglichen Nennwert entspricht. Da die Anleihenkurse schwanken, kommt es aber ständig zu deutlichen Verschiebungen, bei denen die Kurse z. B. nur noch 70 % oder bei extremer Nachfrage sogar 105 % betragen können. Gerade der erste Punkt und die Differenz zwischen dem aktuellen Börsenkurs und dem Nennwert, in der Fachsprache »Disagio« genannt, können für Investoren sehr lukrativ sein, denn am Ende wird die Anleihe ja zu 100 % zurückgezahlt. Zusätzlich zum Zinsgewinn fahren Sie also auch noch lukrative Kursgewinne ein.

Es sei denn, das Unternehmen oder der Staat wird zahlungsunfähig. Das bedeutet: Bei Anleihen mit Kursen von 40 % oder teilweise 10 % geht der Markt davon aus, dass ein großes Risiko besteht, dass diese Anleihen nach Ablauf nicht zurückgezahlt werden. Ein wichtiger Tipp: Beachten Sie unbedingt, dass Sie bei Kursaufschlägen über 100 % (dem Agio) Verluste erleiden, denn am Ende werden ja nur 100 % zurückgezahlt.

Der Zinskupon zeigt Ihnen, welchen Zinssatz der Schuldner jedes Jahr an die Besitzer der Anleihen ausschüttet. Bitte beachten Sie, dass die Kupons normalerweise als Nominalzins (also ohne Einbezug der Inflationsrate) angegeben werden. Gerade bei Emerging Markets kann es zu deutlichen Unterschieden zwischen Nominalzins und dem wirklich Realzins (Nominalzins minus Inflationsrate) kommen.

Der wichtigste Anhaltspunkt für die Überprüfung der Qualität eines Staates oder Unternehmens, das die Anleihe begibt, sind die so genannten Ratings. Hier prüfen zahlreiche Rating-Agenturen die Anleihenanbieter auf ihre »Seriosität«. Das ist verständlich, denn schließlich wollen Investoren wie Sie ja wissen, wem Sie Ihr sauer verdientes Geld leihen. Diese Ratings zeigen auf, wie groß die Wahrscheinlichkeit ist, dass die Unternehmen oder Staaten die Schulden am Ende der Laufzeit auch wirklich in vollem Umfang zurückzahlen bzw. ihren Zinsverpflichtungen pünktlich und in dem vereinbarten Rahmen nachkommen.

Die Rating-Stufen der großen drei Agenturen für Anleihen

Standard & Poor's	Fitch	Moody's	Kommentar
AAA	AAA	Aaa	Schuldnerqualität: höchster möglicher Grad. Ausfallrisiko: niedrigster möglicher Grad.
AA	AA	Aa	Schuldnerqualität: sehr hoch. Ausfallrisiko: sehr unwahrscheinlich.
A	A	A	Schuldnerqualität: hoch. Ausfallrisiko: unwahrscheinlich.
BBB	BBB	Baa	Schuldnerqualität: gut. Ausfallrisiko: im Bereich des Möglichen.
BB	BB	Ba	Schuldnerqualität: spekulativ schwach. Ausfallrisiko: unsicher.
B	B	B	Schuldnerqualität: hochspekulativ schwach. Ausfallrisiko: gefährdet.
CCC	CCC	Caa	Schuldnerqualität: nicht gegeben. Ausfallrisiko: stark gefährdet.
CC	CC	Ca	Schuldnerqualität: nicht gegeben. Ausfallrisiko: wahrscheinlich.
C	C	C	Schuldnerqualität: nicht gegeben. Ausfallrisiko: sehr wahrscheinlich.

Quelle: Fitch, Moody's, Standard & Poor's

Tabelle 5 Der wichtige »Investmentgrade« beginnt bei S&P sowie bei Fitch bei »BBB« und bei Moody's bei »Baa«. Zudem gibt es noch die Stufe »DDD«, »DD« und »D« bzw. »SD« und »RD« bei teilweisem oder totalem Zahlungsausfall. Die Agenturen haben ihre Systeme zusätzlich mit »+«- und »–«-Bewertungen verfeinert. Dabei können die Einstufungen von Staaten und Unternehmen durchaus von Agentur zu Agentur verschieden sein.

Dabei gilt folgende Faustformel: Je höher das Rating, desto geringer ein Ausfallrisiko. Folglich sinkt der Zinssatz. Umgekehrt: Je geringer das Rating, desto höher das Risiko. Deshalb sind die Zinssätze bei Top-Schuldnern wie Deutschland auch so niedrig. Bei deutschen Staatsanleihen kriegen Sie einen Coupon, der vielleicht gerade einmal den Wert eines Snickers-Schokoriegel hat, aber dafür können Sie (äußerst) sicher sein, dass Sie am Ende der Laufzeit Ihre Kohle wiederkriegen.

Bei Emerging Markets kann so etwas niemand sagen. Wenn Ihr Bankberater etwas anderes behauptet, dann lügt er. Denn diese Länder sind ja nicht bereit, einen so hohen Zins zu zahlen, weil sie es lustig finden. Sie müssen einen so hohen Zins zahlen, weil sonst keine Investoren bereit sind, ein solch großes Risiko einzugehen.

Die drei einflussreichsten Rating-Agenturen, die über Wohl oder Wehe der Schuldennehmer entscheiden, sind Fitch, Moody's, und Standard & Poor's (S&P). Es gibt noch eine Vielzahl anderer Agenturen, aber die Herauf- und Herabstufungen dieser drei Häuser haben an den internationalen Finanzmärkten das größte Gewicht. Ihre Ratings geben Anlegern die Chance, die Qualität der Staaten oder Unternehmen einzuschätzen, die sich von ihnen Geld leihen wollen. Diese Analyse nennt man in Finanzkreisen auch »Bonitätseinschätzung«. Die Einschätzungen zu einzelnen Ländern oder Firmen finden Sie auf den Internetseiten der Agenturen (die www.-Adressen stehen im Anhang).

In *Tabelle 5* sehen Sie die einzelnen »Grades« der großen drei Rating-Firmen.

Das Rating-Spektrum reicht von Triple-A (AAA und damit beste Bonität) bis zu C, wo von einer hohen Ausfallwahrscheinlichkeit ausgegangen werden muss. Die entscheidende Schwelle ist der so genannte »Investmentgrade«, der bei jeder Rating-Agentur unterschiedlich ist. Bei den drei Großen liegt er bei Triple-B bzw. Baa.

Anleihen, die über dieser magischen Schwelle liegen, gelten in Fachkreisen als seriös und sicher (soweit man das bei Emerging Markets sagen kann), während Anleihen, die keinen Investmentgrade besitzen, als hochgradig spekulativ eingestuft werden. Anleihen mit einem »C« werden häufig auch »Junk-Bonds« genannt. Ins Deutsche übersetzt bedeutet das »Schrott-Anleihen«, weil es sehr unsicher ist, ob man am Ende sein eingesetztes Kapital überhaupt zurückbekommt. Diese Anleihen sind aufgrund ihrer extrem hohen Zinskupons zwar sehr reizvoll, eignen sich aber nur für Anleger mit einer sehr spekulativen Ausrichtung. Hier besteht eine reale Möglichkeit des Totalverlustes.

Zudem gibt es bei Emerging Markets noch die so genannten Brady Bonds, die nach dem ehemaligen US-Finanzminister Nicolas Brady benannt sind. Dabei handelt es sich um Umschuldungsanleihen, bei denen internationale Investoren auf einen Teil ihres Anleihekapitals verzichten und dafür im Gegenzug US-Dollar-gesicherte Brady Bonds mit hohen Zinskupons und extrem langen Laufzeiten erhalten. Der Brady-Markt ist hoch spekulativ und fest in der Hand der professionellen Anleihen-Trader. Für Privatanleger ist dieser Sektor nur sehr schwer zugänglich und ungeeignet.

Die Konsequenzen, die diese Ratings für die Schuldner haben, sind klar: Je schlechter das Rating ist, desto weniger Investoren sind bereit, ihr Geld an diesen Schuldner zu verleihen. Warum sollten sie einem Staat ihr Geld leihen, der nur über eine BB-Bonität verfügt und damit eine hohe Ausfallwahrscheinlichkeit besitzt?

Kursverlauf einer 12-%-Staatsanleihe von Ecuador 2002 bis 2005

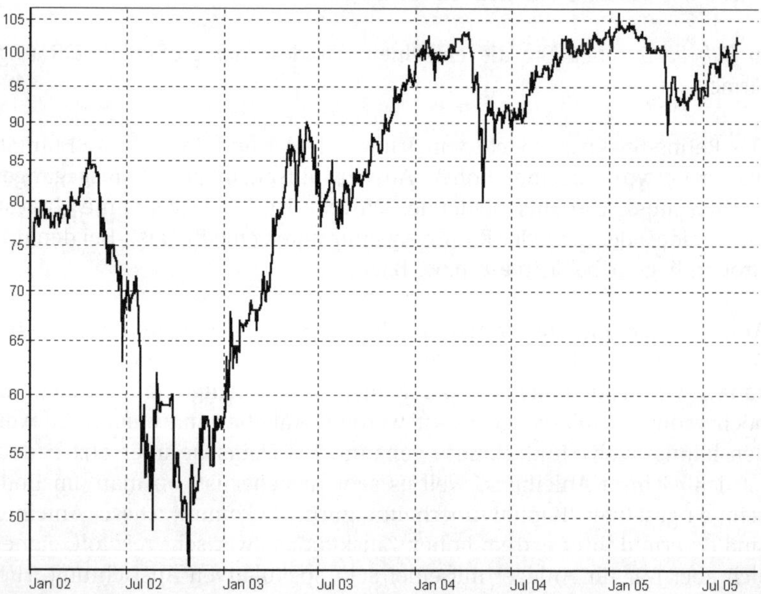

Quelle: Market-Maker

Chart 12 Jackpot! Wer im Herbst 2002 den Mut hatte, diese Staatsanleihe von Ecuador zu kaufen, wurde reich belohnt. In nicht einmal eineinhalb Jahren verdoppelte sich der Kurs der Anleihe. Käufer verbuchten hier einen Gewinn von 100 % und noch zusätzlich 12 % Zinszahlungen. Ein lukratives Geschäft.

Dann legen Sie es doch lieber in deutschen Staatsanleihen an und können sicher sein, dass Sie am Ende Ihr Kapital zurückbekommen. Um Sie trotzdem dazu zu bewegen, dieses Risiko einzugehen, bietet Ihnen der BB-Staat einen Zinskupon an, der deutlich höher ist als z. B. bei US-Treasuries. Denn sonst ist niemand bereit, an diesen Staat Geld zu verleihen.

Damit sind wir auch schon bei den Möglichkeiten, wie Sie mit Anleihen Profite machen können. Der klassische Weg basiert auf der »Buy and Hold«-Strategie. Sie kaufen eine Anleihe und freuen sich über die regelmäßigen Zinsausschüttungen.

Beim zweiten Weg geht es Ihnen in erster Linie nicht um die Zinszahlungen, sondern um das Ausnützen der Kursschwankungen der Anleihen. Aufgrund der im Vergleich zu den Industriestaaten unsicheren politischen, gesellschaftlichen und wirtschaftlichen Verhältnisse schwanken die Börsenkurse der Anleihen von Emerging-Markets-Ländern teilweise gewaltig. Nach Krisen liegen die Kurse von Anleihen oft im Keller, da Unsicherheit herrscht, ob diese Anleihen überhaupt zurückgezahlt werden können. Beruhigt sich dann die Lage, schießen die Anleihenkurse nach oben. Hier lassen sich teilweise satte Gewinne im zweistelligen Prozentbereich erzielen, also in Größenordnungen, wie man sie sonst nur von den im Verhältnis zu Anleihen »risikoreicheren« Aktien kennt.

Solche Schwankungen zeigen Ihnen aber auch, dass es ein weit verbreiteter Trugschluss ist, Anleihen aus Emerging-Markets-Ländern bzw. von Unternehmen als sichere Anlageform einzustufen, nur weil es sich um Anleihen handelt. Gewöhnt an die seriösen Rückzahlungen von Top-Schuldnerstaaten wie Deutschland lassen sich Privatanleger gerade bei Staatsanleihen immer wieder Emerging-Markets-Anleihen als angeblich »sichere« Beimischung aufschwatzen.

Machen Sie diesen Fehler auf keinen Fall. Anleihen von Emerging Markets sind nicht mit europäischen oder amerikanischen Anleihen gleichzusetzen, nur weil sie den vermeintlich sicheren Titel »Anleihen« tragen. Emerging-Markets-Anleihen sind ganz klar als spekulativ einzustufen und müssen dementsprechend niedrig in Ihrem Depot gewichtet werden. Von Russland während der »Wodka-Krise« 1998 bis Argentinien 2001/02

Quelle: Market Maker

Chart 13 Der reinste Horror. Im Zuge der schweren Finanzkrise in Argentinien stürzten die Staatsanleihen um bis zu 80 % in die Tiefe. Wer da noch denkt, dass Emerging-Markets-Anleihen eine sichere Sache sind, der glaubt auch an den Weihnachtsmann.

– in der Vergangenheit ist es immer wieder dazu gekommen, dass Staaten aus Emerging Markets nicht in der Lage waren, ihre Anleihen zurückzuzahlen.

Viele Investoren lassen sich von den hohen Kupons von 8 % oder sogar 10 % blenden. Das sind natürlich Traumrenditen für eine solch konservative Anlageform, die Sie als Besitzer einer deutschen Staatsanleihe nie erreichen werden. Aber sie sind eben deshalb traumhaft, weil sie nicht konservativ, sondern risikoreich und spekulativ sind. Denn Sie dürfen niemals vergessen: An der Börse ist nichts umsonst!

Damit kommen wir zu den Risiken von Emerging-Markets-Anleihen. Der entscheidende Faktor ist die Bonität des Schuldners. Den Super-Gau bildet hier natürlich die Zahlungsunfähigkeit des Schuldners.

Doch Sie müssen noch weitere Risiken beachten. Da ist wie immer das Währungsrisiko. Wie bei Aktien gilt auch bei Anleihen: Wenn Sie eine ausländische Anleihe in einer Landeswährung gekauft haben, und die Währung fällt gegenüber dem Euro, dann erleiden Sie Währungsverluste, die Ihre schönen Zinsgewinne aufzehren. Diesen Risikofaktor können Sie umgehen, indem Sie nur Anleihen kaufen, die in Euro ausgegeben werden.

Ein weiterer Faktor ist die Zinsentwicklung in dem jeweiligen Land und, ganz wichtig, auch in den Industriestaaten. Denn wenn die Zinsen in vermeintlich »sicheren Häfen« wie den USA oder Europa steigen, dann reduziert sich der Spread, also die Zinsdifferenz zu den hoch verzinsten, weil risikoreicheren Emerging-Markets-Anleihen. Es kommt der Punkt, an dem die Differenz so gering ist, dass es sich für Investoren nicht mehr lohnt, die höheren Risiken des jeweiligen Emerging Markets einzugehen. Die Folge: Internationales Kapital wird aus den Emerging-Markets-Anleihen abgezogen und in US-Treasuries oder deutsche Bundesanleihen umgeschichtet. Das führt zu Kursverlusten bei Emerging-Markets-Anleihen, deren Marktpreis wie bei allen Kapitalmarktinvestments auf Angebot und Nachfrage basiert.

Sie sehen also, dass Anleihen aus Emerging-Markets-Ländern keineswegs ein risikoloses Geschäft sind. Die Hochkuponanleihen einzelner Emerging-Markets-Länder bieten Ihnen natürlich einen verlockenden Extra-Kick für Ihre Performance. Wenn es zu keinen größeren Krisen kommt. Ansonsten bieten Ihnen diese Bonds ebenfalls den Extra-Kick – aber nach unten. Informieren Sie sich deshalb vor dem Kauf einer Anleihe über die politische und wirtschaftliche Situation des Landes. Auch danach gilt: Anleihen aus Emerging Markets müssen genauso konsequent beobachtet werden wie Aktien.

Für Privatanleger sind deshalb Anleihenfonds, die sich auf Emerging Markets spezialisiert haben, das beste Anlageinstrument. Diese Fonds investieren in unterschiedliche Anleihen mit verschiedenen Restlaufzeiten aus den verschiedensten Ländern. Sie reduzieren also Ihr Risiko. Ein weiteres Plus: Die Fondsmanager versuchen, durch gezielte Käufe und

Verkäufe der Anleihen die Kursschwankungen für Extra-Gewinne auszunutzen. Hier gibt es ganz hervorragende Fonds, die eine herausragende Performance für ihre Kunden erzielen.

Anlegen mit Zertifikaten – die Spezialisten für Ihr Investment

Ich gebe es offen zu: Ich bin ein großer Fan und glühender Verfechter von Zertifikaten. Der Hauptgrund: Zertifikate sind in ihrer Gebührenstruktur deutlich billiger als Fonds.

Ich muss hier allerdings auch klar sagen, dass Geiz nicht immer geil sein muss. Es gibt gerade im Bereich der Emerging Markets absolute Star-Fonds, die jeden Cent ihrer Gebühren wert sind und den Anlegern trotz der höheren Kosten mehr Performance eingebracht haben als die günstigen Indexzertifikate. Leider sind solche Managementleistungen nicht die Regel, sondern die Ausnahme.

Der Grund: Fondsmanager stehen unter massivem Leistungsdruck, nicht schlechter sein zu dürfen als die Benchmark (sonst gibt es nämlich am Fiskaljahresende keinen Bonus). Also bilden die meisten Fondsmanager einfach den Index so gut es geht nach, denn dann ist die Chance deutlich kleiner, dass man schlechter als die Benchmark ist. Aber dann können Sie eben auch direkt auf die deutlich günstigeren Indexzertifikate setzen.

Der zweite große Vorteil von Zertifikaten ist, dass es viele Spezialzertifikate gibt. Doch der Reihe nach. Grundsätzlich gibt es drei verschiedene Arten von Zertifikaten:

1) auf Börsenindizes

2) auf Einzelaktien

3) auf einen Korb von Einzelaktien, die unter einem bestimmten Thema ausgewählt werden (z. B. chinesische Internet-Aktien). Diese künstlichen Kreationen tragen den Namen »Basket-Zertifikate«.

Vergleich der Gebührenstruktur von Fonds und Zertifikaten

Fonds/ Zertifikat	Name	ISIN	Ausgabe-aufschlag	Management-gebühr	Gebühren im 1. Jahr	Jährliche Gebühren
			Brasilien			
Fonds	HSBC Brazil Equity	LU0196696701	5,54 %	1,75 %	7,29 %	1,75 %
Zertifikat	Bovespa Index Open End	NL0000194769	0,00 %	0,00 %	0,00 %	0,00 %
			Indien			
Fonds	Fidelity Indian Focus	LU0197229882	5,25 %	1,50 %	6,75 %	1,50 %
Zertifikat	Indian Open End	NL0000202166	0,00 %	0,30 %	0,30 %	0,30 %
			Türkei			
Fonds	Türkei 75 Plus	LU0093368008	4,00 %	2,00 %	6,00 %	2,00 %
Zertifikat	ISE National 30 Open End	NL0000460004	0,00 %	0,00 %	0,00 %	0,00 %

Quelle: eigenes Research, Onvista

Tabelle 6 Vergleichen Sie selbst: Bei allen Fonds zahlen Sie im ersten Jahr mindestens 6,00 % Gebühren. Danach müssen Sie jedes Jahr von 1,00 % bis zu unglaublichen 2,00 % Verwaltungsgebühren an die Fondsgesellschaften abdrücken. Bei den Zertifikaten zahlen Sie hingegen überhaupt keine Gebühren. Damit müssen die Fonds um mindestens 6,00 % besser als die Zertifikate abschneiden, damit sich ein Fondskauf für Sie lohnt.

Der Klassiker in der Zertifikate-Welt ist das »Index-Zertifikat«. Hier werden alle Aktien eines bestimmten Index nach ihrer Gewichtung 1:1 widergespiegelt. Mit diesen Zertifikaten decken Sie also einen Index wie z.B. den ungarischen BUX ab und profitieren vom Anstieg des Index, ohne die einzelnen Aktien alle selbst kaufen zu müssen. Allerdings auch ohne einen Hebel wie bei den Turbo-Zertifikaten, was das Risiko herausnimmt und Indexzertifikate für konservative Anleger interessant macht.

Die Vorteile sind ähnlich wie bei einem Fonds: Sie können für wenig Geld eine große Anzahl an Aktien erwerben und so das Risiko durch diese Diversifizierung minimieren. Allerdings müssen Sie bei Emerging-Markets-

Zertifikaten einen kleinen, aber feinen Unterschied beachten: Sie müssen genau nachlesen, ob es sich um ein Indexzertifikat (das einen Index 1:1 widerspiegelt) oder um ein Zertifikat handelt, das sich nur an dem Index orientiert. Das Zweite bedeutet nämlich, dass der Index nicht 1:1 abgebildet wird, sondern einzelne Positionen anders gewichtet werden können.

Hier kann es also durchaus sein, dass bei indexorientierten Zertifikaten die Einzelpositionen eine so große Gewichtung haben, dass dieses Zertifikat gar nicht richtig diversifiziert ist. Denn wenn genau dieser Wert nicht läuft, dann kommt Ihr Zertifikat nicht von der Stelle, obwohl der Index als Ganzer eine Rallye aufs Parkett legt. Die nötigen Informationen über die Struktur der Zertifikate und die Gewichtungen der einzelnen Positionen erhalten Sie auf den Internetseiten der verschiedenen Emittenten.

Sie müssen nur Folgendes beachten: Wenn Sie ein solches Zertifikat im Depot haben, dann kaufen Sie nicht noch die hoch gewichteten Werte als Einzelaktien. Das unten aufgelistete Indonesien-Zertifikat ist übrigens eines der Zertifikate, dass den Landesindex nicht 1:1 widerspiegelt sondern sich in diesem Fall an dem »LQ45-Index« orientiert, den ABN Amro für Indonesien selbst entwickelt hat.

Der Bereich der Zertifikate auf Einzelaktien aus Emerging Markets ist derzeit noch sehr begrenzt. Das spannendste Zertifikat bei Einzelaktien ist

Gewichtung von Einzelwerten in Emerging-Markets-Zertifikaten

Titel	Emittent	ISIN	Land	Größte Position
Asian Tigers 50 Basket	Merrill Lynch	DE0003532891	China & Tigerstaaten	HSBC Holdings mit 15,4 %
Indonesien Open End	ABN Amro	NL0000400166	Indonesien	Telekomunikasi Indonesia mit 22,3 %
PX 50 Index	UBS Warburg	CH0021606139	Tschechien	CEZ mit 22,98 %
ROTX Open End	Raiffeisen Centrobank	AT0000481403	Rumänien	Banca Transilvania mit 25,05 %.

Quellen: ABN Amro, Raiffeisen Centrobank, UBS, Merrill Lynch, Onvista

Tabelle 7 Da wird jedem Uniprofessor für Portfoliomanagement schwindelig. Lernt man doch schon in der Bankausbildung, daṣs ein Wert in einem gut diversifizierten Depot maximal mit 10 % gewichtet sein sollte. Allerdings sind höhere Gewichtungen bei Emerging Markets normal, da wenige Schwergewichte die jeweiligen Börsen dominieren. Solch hohe Gewichtungen müssen also nicht notwendigerweise schlecht sein.

das Discount-Zertifikat, das vor allem dann interessant ist, wenn der Basiswert seitwärts läuft oder nur begrenzt steigt oder fällt. Allerdings gibt es solche Discount-Zertifikate auf Emerging-Markets-Aktien bisher kaum. Die Banken haben derzeit lediglich (erst) einige Zertifikate auf wenige, ausgesuchte Titan-Aktien im Angebot. Aber es zeigt sich, dass die Anzahl der Zertifikate auf Einzelaktien mit dem unaufhaltsamen Anstieg der Emerging Markets weiter wachsen wird.

Wirklich interessant machen das Zertifikate-Segment vor allem die immer zahlreicher werdenden Spezial-Zertifikate, die so genannten Basket-Zertifikate. Hier dient ein bestimmter Themenkorb (im Englischen heißt Korb »Basket«, daher der Name), z. B. chinesische H-Aktien, als Auswahlkriterium. Nach diesem Thema wird der Korb dann vom Emittenten mit den entsprechenden Aktien gefüllt und darauf dann das Zertifikat begeben. So haben Sie die Chance, nicht nur auf einzelne Märkte zu setzen, sondern auch spezifische Marktentwicklungen, wie eben die Sonderchancen bei H-Aktien (lesen Sie dazu Kapitel 4), zielgerichtet zu spielen und das Potenzial optimal auszunutzen.

Besonders interessant sind Basket-Zertifikate, die verschiedene Aktienmärkte einer bestimmten Region beinhalten. Dadurch haben Anleger nämlich die Chance, mit dem Kauf eines einzigen Zertifikates gleich mehrere, völlig unterschiedliche Länder abdecken zu können.

In *Tabelle 8* sehen Sie einige der ausgefallenen Emerging-Markets-Produkte, die Sie auf dem Zertifikate-Markt erwerben können. So haben Sie die Chance, mit einem geringen Kapitaleinsatz trotzdem verschiedene Märkte abzudecken.

Sehr positiv ist eine noch relativ junge Entwicklung im Zertifikate-Sektor: die Quanto-Zertifikate. Der Zusatz »Quanto« besagt, dass diese Zertifikate einen Währungsschutz eingebaut haben. Das Risiko der Währungsschwankungen ist also ausgeschaltet, was allerdings zu Lasten der Performance geht. Denn der Emittent muss ja einen bestimmten Betrag Ihres eingezahlten Geldes für die Währungssicherung investieren.

Inzwischen bieten sogar einige Emittenten für ausgewählte Zertifikate Sparpläne (wie bei Fonds) an. Eine hervorragende Entwicklung. Fragen Sie diesbezüglich beim jeweiligen Emittenten an.

Ausgefallene Basket-Zertifikate für Emerging Markets

Titel	Emittent	ISIN	Laufzeit	Kommentar
China H-Share Open End	ABN Amro	DE0006859648	Open End	Das Zertifikat bildet den HSCEI-Index für chinesische H-Aktien ab. Somit profitieren Sie gezielt von einer Aufwertung der H-Aktien durch die Öffnung für chinesische Anleger.
Islamic Asia Pacific Equity Builder	Deutsche Bank	DE0006443500	31.01.2011	Das Zertifikat investiert in ausgewählte asiatische Werte des Dow Jones Islamic Market Index. Die Aktien werden nach den ethischen Standards der religiösen Sharia-Vorgaben des islamischen Glaubens ausgewählt.
FTSE Latibex Top Index	Société Générale	DE000SG0AZC4	Open End	Das Zertifikat beinhaltet die 15 größten Aktien aus dem FTSE Latibex All-Share Index. Der FTSE Latibex Index setzt sich aus Werten der südamerikanischen Länder Argentinien, Brasilien, Chile, Mexiko, Peru und Puerto Rico zusammen.
Ost Basket XL	Raiffeisen Centrobank	AT0000481205	Open End	Das Zertifikat beinhaltet 15 Aktien aus den unbekannteren osteuropäischen Ländern Bulgarien, Estland, Kroatien, Rumänien, Slowenien und der Türkei.
SG Emerging Markets Asia	Société Générale	DE000A0AMYK2	23.01.2008	Beinhaltet jeweils die drei größten Aktien der asiatischen Märkte China (HongKong), Indien, Südkorea, Taiwan und Singapur.

Quelle: eigenes Research, oben aufgelistete Emittenten

Tabelle 8 Wie Sie sehen, haben Sie durch die speziellen Basket-Zertifikate die Chance, einzelne ausgefallene Themen oder seltene Emerging Markets zu spielen. Gleichzeitig erreichen Sie mit einem geringen Kapitaleinsatz eine gute Diversifikation Ihres Investments.

Allerdings gibt es bei Zertifikaten auch Nachteile, vor allem bei den zu Recht beliebten Index-Zertifikaten. Denn hier können Sie nie besser als der Index sein, da dieser ja 1:1 nachgebildet wird. Wenn die Märkte steigen, ist das kein Thema, aber wenn die Märkte fallen oder seitwärts laufen, sind Sie auch 1:1 mit dabei, und eine Outperformance ist nicht möglich.

Zudem gibt es auch bei Zertifikaten einige Schwächen im Kleingedruckten. So erheben immer mehr Banken inzwischen eine so genannte Managementgebühr. Diese findet sich vor allem bei Basket-Zertifikaten, wo die Aktienkörbe normalerweise einmal im Jahr an die Marktentwicklung angepasst werden. Außerdem erhalten Sie bei fast allen Zertifikaten keine Dividende. Die behält die Bank ein, um so die Kosten für das Zertifikat zu kompensieren. Aber wie Sie wissen, können die Dividendenzahlungen bei Emerging-Markets-Unternehmen beträchtlich sein.

Ein weiterer Nachteil: Viele Zertifikate, vor allem älteren Auflegungsdatums, besitzen eine Laufzeitbegrenzung. So läuft das Discount-Zertifikat der Raiffeisen Centrobank auf den rumänischen ROTX-Index noch bis zum 30.08.2006. Aber dann ist Schluss. Einen Tag nach dem Auslaufen des Zertifikates erhalten Investoren den Wert ihrer Zertifikate ausbezahlt, und das war es. Bei Zertifikaten mit einer Restlaufzeit von über einem Jahr ist das nicht so problematisch. Aber bei Zertifikaten, die spätestens innerhalb eines Jahres auslaufen, ergeben sich drei nicht zu vernachlässigende Probleme:

1) Zum Laufzeitende müssen Sie das Zertifikat verkaufen, egal ob Sie im Gewinn oder Verlust liegen.

2) Gewinne sind voll zu versteuern, da sie innerhalb der zwölfmonatigen Spekulationsfrist liegen.

3) Wenn Sie langfristig von einem Markt oder einem Thema des Zertifikates überzeugt sind, stehen Sie nach Ablauf ohne Investment da.

Die Banken haben inzwischen jedoch gelernt, dass diese zeitliche Begrenzung bei Zertifikate-Anlegern, die vornehmlich aus dem konservativen Lager mit langfristigem Anlagehorizont kommen, aufgrund der schwergewichtigen Nachteile nicht sehr beliebt ist. Daher sind die meisten neu aufgelegten Zertifikate heutzutage »Open End«, also ohne Laufzeitbegrenzung. Diese Zertifikate können Sie also bis zur nächsten Eiszeit halten. Damit umgehen Sie alle oben aufgelisteten Probleme. Ich rate Ihnen daher, nur »Open End«-Zertifikate zu kaufen, es sei denn, die Kennziffern sind bedeutend schlechter gegenüber einem vergleichbaren Zertifikat mit Laufzeitbegrenzung.

Das Fazit lautet: Zertifikate sind sozusagen die Emerging Markets in der Welt der Anlageprodukte. Ihnen gehört die Zukunft. Deshalb bringen die Emittenten auch ständig neue oder erweiterte Zertifikate auf den Markt.

Jedes große Finanzinstitut und jede Investmentbank hat heute eigene Zertifikate auf dem Markt. Es lohnt sich deshalb immer, im Internet nach neuen Produkten zu schauen, die auf den Markt gekommen sind. Hier stößt man immer wieder auf phantastische Perlen. Für das Research eignen sich neben den Homepages der Banken primär Internetseiten, die sich auf die Zertifikate-Industrie spezialisiert haben. In der Branche haben sich vor allem die ABN Amro, die Société Générale und die Raiffeisen Centrobank einen Namen als besonders innovative Emittenten für Emerging Markets gemacht.

Anlegen mit Optionsscheinen & Hebelzertifikaten – das Glücksspiel

Gerade bei Privatanlegern stehen Optionsscheine und Hebelzertifikate, auch »Turbo-Zertifikate« genannt, hoch im Kurs. Dabei können Sie diese Warrants (so der englische Name) auf Aktienindizes oder auf Einzeltitel aus Emerging Markets erwerben. Der Reiz von Warrants setzt sich aus drei Komponenten zusammen:

Durch den hohen Hebel besitzen sie enormes Gewinnpotenzial, das ein Vielfaches über den Chancen des Basiswertes liegt. Gleichzeitig ermöglicht Ihnen der Hebel, diese Gewinne über einen deutlich kürzeren Zeitraum zu erzielen, als dies mit dem Basiswert dauern würde. Und drittens brauchen Sie aufgrund des höheren Hebels nur einen Bruchteil des Kapitals, das Sie in den Basiswert investieren müssten, um die gleichen Gewinne zu erzielen.

Damit ist klar, warum gerade Privatanleger mit wenig Kapital Warrants so lieben. Denn die Rechnung ist immer die gleiche: Wenn Sie ein Turbo-Long-Zertifikat mit einem Hebel von zehn auf beispielsweise auf den chinesischen Hang-Seng-Index kaufen, und der Index steigt in drei Monaten um 15 %, dann haben Sie mit dem Schein in 90 Tagen satte 150 % verdient. Das ist eine tolle Sache.

Nicht so toll ist, dass dieser Faktor zehn eben auch in die andere Richtung wirkt. Sprich: Wenn der Hang-Seng-Index in einer Woche nur um

6 % fällt, rauscht Ihr Schein in sieben Tagen mal eben um 60 % in den Keller. So schnell können Sie gar nicht »Verkaufen!« ins Telefon brüllen, wie das passiert. Dieses Risiko wird von Privatanlegern aber gerne übersehen. Dabei reden wir hier nicht von »Risiko« wie einem Sprung ins Nichtschwimmerbecken ohne Badekappe. Wir reden hier vom »vollen Risiko« bis zum Totalverlust.

Inzwischen gibt es Optionsscheine und Hebelzertifikate auf die Indizes fast aller großen Emerging Markets. Bei Einzelaktien ist die Auswahl aber noch nicht sehr groß. Dieser Bereich kommt erst jetzt langsam in Fahrt. Bis auf globale Titan-Aktien wie Samsung finden Sie auf die meisten Einzelwerte aus Emerging Markets häufig nur zwei oder drei Scheine. Bei exotischeren Aktien, auf die Derivate vor allem dann aufgelegt werden, wenn Aktien extrem populär sind (wie chinesische Internet-Aktien), gibt es meist sogar nur einen einzigen Schein. Das ist selbst für Optionsscheinexperten viel zu wenig.

Denn gerade bei Derivaten ist es besonders wichtig, dass Sie den Schein mit den besten Kennzahlen für das Szenario finden, das Sie prognostizieren. Das bedeutet, dass Sie aufgrund des fehlenden Angebotes sehr häufig auf Optionsscheine zurückgreifen müssen, die nicht optimal sind (z. B. zu kurze Laufzeit oder zu hohe Knock-out-Barriere). Damit gehen Sie ein Risiko ein, das für Sie absolut nachteilig ist.

Aber wie ich Ihnen bereits erklärte, muss Ihr Ziel bei Investitionen in Emerging Markets immer sein, alle kalkulierbaren Risikofaktoren so weit wie irgend möglich zu reduzieren. Unkalkulierbare Faktoren gibt es noch genug, wie beispielsweise politische Unruhen oder Korruptionsskandale. Solche Faktoren und Zufälle können Sie nicht beeinflussen. Deshalb macht es nach meiner Meinung gerade für Emerging-Markets-Einsteiger keinen Sinn, mit Optionsscheinen und Turbo-Zertifikaten auf Indizes oder sogar Einzeltitel aus Schwellenländern zu setzen. Das Risiko ist zu groß.

Die Anlage in Emerging Markets bietet so schon überdurchschnittliche Gewinnchancen. Da brauchen Sie keinen zusätzlichen Hebel über Derivate. Dazu kommt noch ein weiterer wichtiger Punkt, den Privatanleger häufig vergessen: der zeitverschobene Handel der meisten Emerging

Markets gegenüber der europäischen Zeitzone. Das gilt besonders für den asiatischen Handel. Denn die Märkte öffnen, wenn Sie in Deutschland gerade ins Bett gehen.

Das heißt: Wenn Sie wirklich bereit sind, mit hoch gehebelten Derivaten maximales Risiko zu gehen, dann wünsche ich Ihnen viel Spaß beim Kaffeekochen. Denn den werden Sie in Gießkannen-Größenordnungen brauchen, wenn Sie die Nächte über wach bleiben wollen, um die asiatischen Märkte zu verfolgen. Alles andere kommt sonst nämlich nur noch einem Glückspiel gleich.

Da gehen Sie abends ins Bett und wünschen sich zu Weihnachten einen neuen Rasierer und steigende Kurse in China. Wenn das eintritt, dann haben Sie Glück gehabt (ich meine China, nicht den Rasierer). Aber wenn nicht, dann sind Sie geliefert. Knicken die asiatischen Märkte über Nacht ein, dann wird Ihr Optionsschein am nächsten Morgen zur europäischen Handelseröffnung so zusammengefaltet, dass Ihnen kein Stoppkurs auf diesem Planeten mehr hilft. Dieses Risiko können Sie nur umgehen, wenn Sie die asiatischen Märkte nachts genau verfolgen, um rechtzeitig reagieren zu können, und über ein Depot an der jeweiligen asiatischen Börse oder eine außerbörsliche Handelsplattform verfügen, über die Sie 24 Stunden am Tag traden können.

Bringen wir es auf den Punkt: Optionsscheine und Turbos sind allgemein gute und vor allem gewinnbringende Produkte, wenn Sie wissen, wie man sie richtig einsetzt. Aber angewendet auf Emerging Markets sind sie etwas für hoch spekulative Adrenalin-Junkies, die für enorme Gewinnchancen bereit sind, allerhöchstes Risiko zu gehen. Mit einer seriösen Anlage, sei es unter Investment- oder Trading-Gesichtspunkten, hat das nichts mehr zu tun. Wenn Sie sich trotzdem auf der Jagd nach schnellen Gewinnen die Nächte um die Ohren schlagen wollen, dann kann ich Ihnen zumindest zwei Dinge versprechen:

1. Die Wahrscheinlichkeit steht mit einer vernichtenden Übermacht gegen Sie. Zahlreiche Statistiken zeigen, dass Sie am Ende Geld verlieren werden. Studien haben belegt, dass ca. 70 % aller Trades mit Optionsscheinen am Ende wertlos verfallen. Die Chancen auf die rechnerisch so großen Gewinne stehen also statistisch 3:7 gegen Sie.

2. Vielleicht verdienen Sie aber viel Geld (wahrscheinlich jedoch nicht). Doch diese Gewinne werden Sie auch brauchen. Denn nach zwei Monaten mit durchgearbeiteten Nächten werden Sie aussehen wie Quasimodos hässlicher Bruder, und keine Frau wird sich mehr ohne Ihr dickes Portemonnaie mit Ihnen unterhalten.

Anlegen mit Devisen und Immobilien – El Dorado für Insider

Neben den bekannten Arten »Anleihen«, »Derivaten« und »Aktien« (ob über Fonds, Zertifikate oder Einzelwerte) gibt es natürlich noch weitere Möglichkeiten, um in Emerging Markets Geld zu verdienen. Dabei handelt es sich um die Bereiche Devisen und Immobilien. Um es direkt vorwegzunehmen: Beide Anlageformen sind nur etwas für Profis. Sie eigenen sich eigentlich nicht für Privatanleger, von Anfängern ganz zu schweigen. Ich möchte hier vor allem auf die Devisenseite eingehen, da diese für Privatanleger deutlich leichter zugänglich und damit auch häufiger genutzt wird als der Immobilienhandel.

Beim Devisenhandel spekulieren Sie darauf, dass eine Währung gegenüber einer anderen Währung (die so genannte Crossrate oder das Währungspaar) steigt oder fällt. Denn wie Ihnen ja aus Kapitel 3 bekannt ist, geht es beim Devisenhandel kurz zusammengefasst um die Entwicklung von zwei Währungen zueinander. So setzen Sie zum Beispiel bei der Crossrate USD/ZAR (südafrikanischer Rand) darauf, dass der USD gegenüber dem ZAR steigt oder fällt. Ausschlaggebend für die Entwicklung eines Währungspaares sind die volkswirtschaftlichen und politischen Entwicklungen des jeweiligen Landes. Sie wissen wie es läuft: Boomt es am Kap der guten Hoffnung, und in den USA fliegt den Cola-schlürfenden Amerikanern gerade der aufgeblasene Immobilienmarkt um die Ohren, dann wird der ZAR gegen den USD steigen.

Ein Beispiel: Es stehen morgen wichtige Wirtschaftsdaten aus Südafrika an. Aufgrund Ihrer Nachforschungen gehen Sie davon aus, dass diese gut ausfallen werden. Gleichzeitig waren die letzten Daten aus den USA schlecht, und die charttechnische Situation des USD deutet auf fallende Kurse hin.

Es gibt zwei Arten, wie die Mehrheit der Privatanleger Devisen handelt. Nämlich über ein Währungskonto oder über Derivate, mit denen Sie auf einen steigenden ZAR oder einen fallenden USD bzw. umgekehrt wetten. Bei einem Währungskonto handelt es sich um ein Konto, das nicht in Euro, sondern in der jeweiligen Landeswährung, z. B. ZAR, geführt wird. Für dieses Depot kaufen Sie in unserem Beispiel südafrikanische Rand.

Währungskonten haben einen dreifachen Charme: Zum einen kaufen Sie die ausländische Währung, also ZAR, und lassen sie auf dem Konto liegen. Steigt der ZAR im Wert, bekommen Sie später mehr Euro zurück, wenn Sie den Betrag wieder in Euro umtauschen. Zudem erhalten Sie die Landeszinsen, die meist deutlich über den deutschen Sätzen liegen. Und drittens eignen sich Fremdwährungskonten hervorragend als Absicherung gegen Währungsrisiken. Darauf gehe ich gleich noch einmal ein.

Allerdings lohnen sich Währungskonten nur bei großen Beträgen, denn die Gebühren sind deutlich höher als bei deutschen Konten. Um also richtig Profit aus den schwanken Wechselkursen zu machen, müssen Sie schon mindestens fünfstellige Summen einsetzen. Zudem sind Währungskonten nicht ohne Risiko. Denn wenn der ZAR fällt, erleiden Sie hohe Verluste, die auch durch die üppigen Zinszahlungen nicht mehr ausgeglichen werden können. Gerade bei Emerging-Markets-Währungen sind solche extremen Schwankungen durchaus an der Tagesordnung. So fiel der argentinische Peso während der Argentinien-Krise 2002 in sechs Monaten um brutale 75 %.

Deutlich häufiger als mit Fremdwährungskonten, die sich vor allem für die Großanleger mit den ganz dicken Geldkoffern eignen, setzen Privatanleger am Devisenmarkt auf Optionsscheine oder Hebelzertifikate. Denn hier lassen sich durch die Hebel schon mit kleinen Kapitaleinsätzen große Gewinne machen. Wenn Sie also Optionsscheine auf einen steigenden ZAR kaufen und die Zahlen aus Südafrika fallen besser als erwartet aus, dann wird der ZAR steigen, Ihr Optionsschein explodiert, und Sie machen blitzschnell dicke Gewinne.

Das klingt erst einmal toll und vor allem sehr verlockend. Aber lassen Sie die Risiken bitte nicht außer Acht. Ja, es stimmt: In keinem Markt geht tagtäglich ein solches Umsatzvolumen über den Tisch wie im Devisenmarkt. Sie haben richtig gelesen: Auf dem Devisenmarkt wird sogar noch mehr Geld bewegt als auf dem Aktienmarkt. Und nirgendwo können Sie so schnell so große Gewinne machen. Aufgrund der exorbitanten Hebel der Devisenderivate ist es teilweise möglich, über 100 % zu machen, wenn eine Währung nur um wenige Cent steigt oder fällt.

Aber nirgendwo können Sie auch so schnell so hohe Verluste machen. Ich kann Ihnen hier offen sagen: Ich beschäftige mich nun schon seit Jahren mit Emerging Markets, und ich habe privat noch nicht einmal einen leeren Joghurtbecher in Devisenspekulationen mit Emerging-Mar-

Kursverlauf der mexikanischen Währung Peso 1994 bis 2000

Quelle: Market Maker

Chart 14 So etwas gibt es nur im Devisenhandel mit Emerging-Markets-Währungen. Im Zuge der »Tequila-Krise« knallte der mexikanische Peso im freien Fall nach unten. Nachdem die mexikanische Regierung in ihrer Verzweifelung überraschend im Dezember 1994 die feste Koppelung an den USD gelockert hatte, stürzte der Peso komplett ab. In diesen Wochen wurden hier Milliardenvermögen vernichtet.

kets-Währungen investiert. Das ist mir viel zu risikoreich. Da haben Sie und ich keine Chance.

Bei exotischen Crossrates zwischen Euro bzw. USD und einer drittklassigen Kokosnuss-Währung ist das Risiko einfach exorbitant hoch. Denn wie Sie ja wissen, reagieren Devisen hochsensibel auf politische, wirtschaftliche und bei Emerging Markets sogar auf geologische Entwicklungen. Bis Sie erfahren haben, dass in Südostasien ein rebellierender General mit 20 geklauten Panzern zu einem Putschversuch auf die Hauptstadt zurast, ist die Währung gegenüber dem USD längst in den Keller gerauscht und Ihr Derivat mit Totalverlust vernichtet worden.

Zudem schwebt vor allem bei wirtschaftlich instabilen Emerging Markets die Gefahr mit, dass die Regierung urplötzlich die eigene Währung abwertet, wie es in Indonesien oder Thailand während der »Asien-Krise« 1997 geschah. Bei Währungsabwertungen entscheidet sich die Regierung dazu, freiwillig die Währung gegenüber anderen Währungen herunterzusetzen, um so z. B. hohe Leistungsbilanzdefizite zu bekämpfen. Dieser radikale Schritt führt dazu, dass sich der Großteil des Wertes der Landeswährung von einer Sekunde auf die andere in Luft auflöst. So brach die indonesische Rupie nach der Abwertung um unglaubliche 85 % ein.

Wer in solchen Situationen Call-Optionsscheine auf diese Währung besaß, der konnte nur noch das Licht ausknipsen, denn diese Derivate wurden sofort dem Erdboden gleichmacht.

Am Devisenmarkt zählen Sekunden. Wenn Sie nicht den gesamten Tag uneingeschränkten Zugang zu Ihrem Computer, Nachrichtensendern und Ihrem Depot haben, dann lassen Sie die Finger vom Devisenmarkt. Dieses Börsensegment ist nur etwas für Vollprofis und Hyperaktive mit einem leichten Sado-Maso-Drang zur Schmerzerduldung.

Neben der traditionellen direkten Spekulation auf die Entwicklung eines bestimmten Währungspaares gibt es im Devisenmarkt noch einen zweiten Bereich: das so genannte Hedging. Hedging ist einer der zentralen Bestandteile einer konservativen Emerging-Markets-Strategie. Denn beim Hedging geht es nicht um schnelle Währungsgewinne, sondern um mittel- bis langfristige Absicherungen gegen Währungsverluste, welche die

Performance Ihres Depots belasten könnten. Sie wollen also durch Anlagen am Devisenmarkt so hohe Gewinne erzielen, dass dadurch die Währungsverluste in Ihren Investitionen ausgeglichen werden. Damit wird die Währungsseite zum Nullsummenspiel, und die Performance Ihres Depots wird nur noch auf eine, aber dafür die entscheidende Komponente reduziert: die Entwicklung des Aktienmarktes. Sie wollen also keinen zusätzlichen Profit machen, sondern Ihre Investments lediglich gegen die Währungsrisiken absichern.

Die Sache hat nur einen – sozusagen doppelten – Haken:

1) Es ist für Privatanleger äußerst schwer, aufwändig und vor allem kostspielig, die Depots gegen Verluste von exotischen Währungen abzusichern.

2) Wenn Sie eine Währungssicherung in Ihr Depot einbauen, kostet Sie das natürlich Performance. Denn Sie müssen einen Teil Ihres Kapitals in die Währungssicherung anlegen, den Sie sonst in den jeweiligen Emerging Market investiert hätten.

Beide Nachteile möchte ich Ihnen kurz an einem stark vereinfachten Beispiel verdeutlichen: Sie haben 20.000 Euro zu gleichen Teilen auf die vier BRIC-Staaten verteilt. Nun wollen Sie sich gegen alle vier Währungsrisiken (brasilianischer Real, russischer Rubel, indische Rupie, chinesischer Yuan) absichern. Dafür müssen Sie folgende Rechnung aufmachen: Es ist ratsam, eine Größenordnung von ca. 10 % der einzelnen Positionen (die bei 5.000 Euro pro Land liegen) in die Währungsabsicherungen zu investieren. Das wären also 500 Euro pro Land. Da sehen Sie schon den ersten Nachteil: Bei einer Ordergröße von gerade einmal 500 Euro schlagen die Gebühren selbst bei Discountbrokern richtig durch. Das wird teuer.

Als Nächstes müssen Sie ein Derivat finden, dessen Hebel so hoch ist, dass der Gewinn der Währungssicherung von 500 Euro die Verluste des Depots von 4.500 Euro kompensiert. Das ist in diesem Fall einfach. Wir brauchen einen Hebel von zehn, was für den Devisenbereich schon als »konservativ« gilt. Denn wenn z. B. die indische Rupie um 10 % fällt (bei unveränderten Aktienkursen), schrumpft der Wert Ihres Depots um 450 Euro (10 % von 4.500 Euro) auf 4.050 Euro. Gleichzeitig verdoppelt sich aber Ihr Hedge-Optionsschein (10 % Währungsgewinn x Hebel von 10 = 100 %). Hier sind also aus 500 Euro jetzt 1.000 Euro geworden, womit Sie die Währungsverluste von 450 Euro komplett ausgeglichen haben.

Hier sehen Sie dann auch den zweiten Teil des Hakens: Anstatt 5.000 Euro in Indien zu investieren, können Sie nur 4.500 Euro anlegen.

Wie setzen Sie Hedging also effizient um? Setzen Sie bei der Auswahl Ihrer Fonds und Zertifikate für die 60 % sichere Anlage auf währungsgesicherte Produkte (siehe *Kapitel 6*). Viele Fonds bieten inzwischen eingebaute Währungssicherungen an. Das heißt: Sie brauchen sich hier um nichts zu kümmern. Zudem gibt es immer mehr währungsgesicherte Zertifikate (der Fachterminus lautet »Quanto-Zertifikate«). Lesen Sie dazu den Emissionsprospekt oder rufen Sie beim jeweiligen Emittenten an. Wie Sie wissen, kostet Sie diese Sicherung natürlich Performance, aber dann haben Sie von dieser Seite aus kein Risiko mehr zu befürchten.

Bei den spekulativen 30 %, insbesondere bei einem Kauf von Einzelaktien, macht eine eigene Währungssicherung nur Sinn, wenn Sie große Positionen halten (also ab 5.000 Euro pro Position aufwärts). Stattdessen können Sie das Risiko abfedern, indem Sie Ihr Kapital für die spekulativen 30 % über verschiedene Emerging Markets verteilen. So fallen die Währungsschwankungen nicht so stark ins Gewicht.

Wie bereits erwähnt, sind Fremdwährungskonten eine weitere Hedging-Möglichkeit. Dabei kaufen Sie aus dem Konto mit der jeweiligen Landeswährung, z. B. Rand, dann südafrikanische Aktien. Da Sie direkt in Rand handeln, gibt es kein Währungsrisiko bei An- und Verkauf. Die Wechselkurse sind für Sie erst wieder relevant, wenn Sie das Konto schließen und der Betrag in Euro umgerechnet wird.

Die Vorteile sind klar: Die Wechselkurse spielen erst dann eine Rolle, wenn Sie einen Teil Ihres Kapitals in Euro zurücktauschen oder das Konto schließen. Das bedeutet sogar, dass Sie zusätzlich schöne Währungsgewinne erzielen können, wenn Sie die Kontoschließung geschickt auf einen steigenden Rand-Kurs gegenüber dem Euro abstimmen. Die Nachteile liegen auf der Hand:

1. Um die Währungsgewinne auszuspielen, muss das Kapital auf dem Konto bleiben und kann nicht flexibel von Ihnen eingesetzt werden.

Deshalb machen Fremdwährungskonten wenn überhaupt nur für Emerging Markets Sinn, in denen Sie konstant investiert sein wollen. Dabei handelt es sich meist um die BRIC-Staaten.

2. Ansonsten brauchen Sie ja für jeden noch so kleinen Emerging Market ein eigenes Fremdwährungskonto, und das ist bei den überdurchschnittlich hohen Gebühren nur bei großen Beträgen sinnvoll.

Home, sweet home ...

Bei den Immobilien sieht die Sache etwas anders aus als bei Devisenspekulationen. Hier sind die unmittelbaren Risiken deutlich kleiner, aber keineswegs gering. Die größten Chancen haben Sie natürlich in den Schwellenländern der Level 1 und 2 sowie in den Entwicklungsländern. Da sich diese Länder von dem Sprung zu Industrienationen noch weiter weg befinden als NIC-Staaten, sind die Immobilienpreise günstiger, und das Gewinnpotential ist dementsprechend hoch.

Das hat jedoch dazu geführt, dass es in der Vergangenheit mit jedem Börsen-Boom in kleineren Emerging Markets auf deren Immobilienmärkten zu wüsten Spekulationsblasen gekommen ist, die immer wieder in massiven Einbrüchen endeten. Denn mit dem Aufstieg eines Landes stiegen auch die Direktinvestitionen, was immer in einem massiven Anstieg der Immobilienpreise resultierte. Was folgte, war eine zum Platzen aufgepumpte Immobilienblase, die dann mit der ersten schweren Krise an den Kapitalmärkten mit einem Knall zersprang, den man bis nach Travemünde hören konnte.

Dazu kommt eine weitere Frage: Wie wollen Sie seriöse Immobilieninvestments in Ländern tätigen und dann auch noch verwalten, die acht bis zehn Flugstunden weit weg sind? Es kann durchaus sein, dass es zehn bis 20 Jahre dauert, bis ein Level-2-Schwellenland auf NIC-Standard aufrückt. Und Sie kennen die Weisheit: »Eigentum verpflichtet«. Eventuell haben Sie also zehn bis Jahre lang mit der Instandhaltung, Vermietung und Verwaltung zu kämpfen.

Von den örtlichen Behörden und deren Bürokratien ganz zu schweigen. Wenn Sie sich schon über die deutsche Bürokratie aufregen, was meinen Sie, wie es in Ländern zugeht, in denen Gesetze und Verwaltungsauflagen montags je nachdem verändert werden, ob der lokale Fußball-Club am Samstag sein Heimspiel gewonnen oder verloren hat?

Verstehen Sie mich nicht falsch: Prinzipiell halte ich Immobilien in Emerging Markets für eine hervorragende Geldanlage, denn die Wertsteigerungen sind enorm. Jeder, der sich mit der Geschichte der superreichen Familien in Europa beschäftigt hat, weiß, dass der Großteil ihrer Vermögen auf Immobilienspekulationen gegründet wurde. Aber in diesem Fall sollten Sie das Feld den Immobilienprofis überlassen.

Eine von mir bevorzugte Alternative sind – statt einem Direktinvestment (Hauskauf) – Aktien von Immobilienfirmen aus den jeweiligen Emerging-Markets-Ländern. Auch Aktien von Versicherungen oder Banken eignen sich, um von steigenden Immobilienpreisen zu profitieren. Denn diese Finanzkonzerne besitzen meist weit reichende Immobilienbeteiligungen und wissen natürlich genau, in welchen Stadtteilen und Regionen die Sahnestücke ihrer jeweiligen Länder liegen. So bin ich beim Immobilien-Boom dabei, habe aber nicht den ganzen Rattenschwanz eines direkten Häuserkaufes am Hals.

Abschließend lässt sich also sagen, dass es ein weites Spektrum an unterschiedlichen Möglichkeiten gibt, um mit dem Boom der Emerging Markets Geld zu verdienen. Aber nicht jede Möglichkeit ist für Privatanleger praktikabel. Devisenspekulationen sind nur etwas für Vollprofis, die einen Dauerpuls von 180 brauchen.

Immobilen sind hoch interessant, aber für Privatanleger, die in Deutschland leben, kaum realisierbar. Dieser Sektor eignet sich nur für Fachleute mit exzellenten Kontakten in die jeweilige Region. Dann bietet sich allerdings unter Berücksichtigung der Risiken die Möglichkeit auf sehr große Gewinne.

Anlegen mit Aktien – die Königsdisziplin

Keine Anlageform (mit Ausnahme von Warrants, lesen Sie dazu bitte auch Seite 132) bietet Ihnen bei Ihren Investments in Emerging Markets so explosive Gewinnchancen wie die direkte Anlage in einzelne Aktien. Mit

Vergleich der Kursverläufe des Bovespa-Index gegen eine Einzelaktie zwischen 2003 und 2005

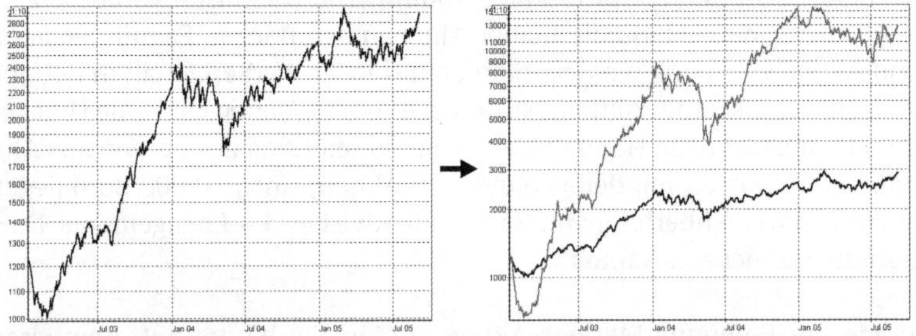

Quelle: Market Maker

Chart 15 Wenn Sie sich den linken Chart anschauen, dann sehen Sie die Entwicklung des brasilianischen Bovespa-Index (schwarz) von 2003 bis 2005. In dieser Zeit stieg der Index um beeindruckende 136 %. Das ist stark. Aber Sie konnten noch viel mehr verdienen, wenn Sie auf die richtigen Einzelaktien gesetzt hätten (wie Sie im rechten Chart sehen). Denn im gleichen Zeitraum stieg beispielsweise die Aktie des Petrochemie-Riesen Braskem (grau) um sagenhafte 946 %!

der richtigen Aktienauswahl können Sie den Index locker um den Faktor 2,3 oder sogar noch mehr schlagen.

Aber, und hier kommt das dicke »aber«: Ich habe diesem Kapitel nicht umsonst den Titel »die Königsdisziplin« gegeben. Keine Aktienanlage, vielleicht mit Ausnahme der schwer verständlichen, aber äußerst zukunftsträchtigen Nanotechnologie, ist so komplex wie die in Emerging-Markets-Unternehmen. Dabei hilft es, sich noch einmal zu erinnern, was eine Aktienanlage eigentlich bedeutet: Sie werden durch den Kauf Teilhaber eines Unternehmens. Ihnen gehört dann ein Teil dieser Firma.

Das bedeutet, dass Sie sich natürlich im Vorfeld so gut wie irgend möglich über diese Firma informieren müssen. Schließlich wollen Sie sich mit Ihrem teuren Geld ja an keinem Luftschloss beteiligen. Dank dem Internet ist es jedoch auch Privatanlegern möglich, sich recht einfach ausgiebig über einzelne Unternehmen von Argentinien bis Zaire (1997 umbenannt in »Demokratische Republik Kongo«) zu informieren. Das ist auch dringend nötig, denn die Risiken sind natürlich bei einem Investment in eine Einzelaktie deutlich höher als bei einem Fonds.

Zudem eignet sich nicht jede Emerging-Markets-Aktie für ein seriöses Investment. Einige Grundvoraussetzungen müssen gegeben sein, damit eine Aktie als Anlageform überhaupt in Frage kommt. Die wichtigste Voraussetzung ist die ausreichende Liquidität einer Aktie an den Börsen. Es müssen genügend Aktien gehandelt werden, damit ein solcher Wert ernsthaft in Betracht gezogen werden kann. Aktien, bei denen es über Wochen gar keine Umsätze gibt oder die täglichen Handelvolumina (das setzt sich zusammen aus Aktienkurs multipliziert mit den gehandelten Aktien) unter 10.000 Euro liegen, eignen sich wenn überhaupt nur für spekulative Level-4-Engagements. Dazu erfahren Sie mehr in Kapitel 6.

Gerade bei Emerging-Markets-Aktien stoßen Sie häufig auf atemberaubende Charts von kleinen Werten aus der zweiten Reihe, die eine Performance von mehreren 100 % oder sogar Verzehnfachungen aufweisen. Aber diese Anstiege waren für Anleger so überhaupt nicht nachzuvollziehen, weil zu den tiefen Kaufkursen und den unglaublichen Höchstkursen nie genügend Aktien gehandelt wurden, um in der Realität kaufen und verkaufen zu können.

Grundsätzlich muss für Sie gelten: Sie kaufen an dem Börsenplatz, wo Sie mindestens eine ausreichende Liquidität finden, um problemlos Aktienpositionen eröffnen und schließen zu können. Dafür brauchen Sie aber nicht zwangsläufig den Handelsplatz mit den größten Umsätzen, denn das ist normalerweise die jeweilige Heimatbörse. Es müssen nur genügend Umsätze vorhanden sein.

Neben den Heimatbörsen gibt es drei große internationale Handelsplätze, die sich für einen seriösen Handel mit Emerging-Markets-Aktien eignen. An erster Stelle steht natürlich die Wall Street. Am größten Finanzplatz der Welt finden Sie auch die größten Umsätze für Emerging-Markets-Aktien. Scheuen Sie sich nicht davor, an der NYSE zu kaufen, wenn bei einem Wertpapier an den deutschen Börsenplätzen nicht genügend Stückzahlen umgehen. Inzwischen bieten Onlinebroker wie z. B. CortalConsors äußerst niedrige Gebühren für den direkten Handel in den USA an, die schon fast so billig sind wie Orders für deutsche Aktien. Als weiterer Börsenplatz für Emerging Markets hat sich auch die London Stock Exchange (LSE) etabliert. Es lohnt sich immer, auf deren Internetseite die Kurse und die Handelsvolumina zu vergleichen (*www.londonstockexchange.com*).

Die meisten Aktien können Sie inzwischen aber auch in Deutschland kaufen. Bei den großen und bekannten Werten wie dem koreanischen Hightech-Giganten Samsung, dem russischen Erdgasproduzenten Gazprom oder dem brasilianischen Ölförderer Petrobras gehen am Börsenplatz Frankfurt genügend Stücke für einen ausreichenden Handel um. Wenn Sie nicht gerade mal eben eine 20-%-Beteiligung an China Mobile kaufen wollen, reichen die Volumina für Privatanleger für einen geregelten Handel aus.

Wenn Sie jedoch unbedingt einen Wert kaufen möchten, der an den deutschen Börsen, in London oder an der Wall Street nicht in ausreichender Liquidität gehandelt wird oder der nur in dem jeweiligen Land gelistet ist, müssen Sie wohl oder übel an der Heimatbörse kaufen. Das ist zwar mit deutlich höheren Kosten verbunden, aber bei Emerging-Markets-Aktien gilt immer: »Handelbarkeit geht vor Orderkosten«.

Denn ansonsten holen Sie sich neben dem ohnehin vorhandenen Risiko eines kleinen Emerging-Markets-Unternehmens noch einen zweiten Risikofaktor ins Depot: Wenn dieser illiquide und daher schwer zu handelnde Wert fällt, haben Sie keine Chance, diese Position an den deutschen Börsen zu vernünftigen Kursen zu schließen, da es einfach nicht genügend Umsätze gibt. Hier gehen Sie also ein völlig unnötiges Verlustrisiko ein. Zahlen Sie daher lieber im Zweifelsfall mehr Ordergebühren für eine Order an der jeweiligen Heimatbörse. Aber dafür besitzen Sie die Chance, die Aktie jederzeit verkaufen zu können.

Prinzipiell ist gegen einen Kauf oder einen Verkauf an einer Heimatbörse nichts einzuwenden. Heutzutage muss jeder halbwegs gute Bankberater in der Lage sein, für Sie Aktien an den für Ausländer zugängigen Börsen rund um die Welt zu handeln. Er muss nicht jede Dschungelbörse im tropischen Regenwald kennen. Aber wenn er nicht in der Lage ist, für Sie eine Order an den Börsen der bekannten Emerging Markets (z. B. Börse Istanbul) zu platzieren, feuern Sie ihn. Dann taugt er nichts.

Die Vorteile von Käufen an den Heimatbörsen sind klar: Neben der bereits besprochenen höheren Liquidität eines Wertes, die häufig zu besseren Kauf- und Verkaufskursen führt, können Sie dort Aktien erwerben, die Sie sonst nirgendwo auf der Welt bekommen. Hier finden Sie noch völlig unentdeckte Rohdiamanten, da internationale Anleger (mit Ausnahme der Manager von

Emerging-Markets-Fonds) primär auf Emerging-Markets-Werte setzen, die in New York, London oder an einer deutschen Börse notieren.

Der Nachteil sind halt die deutlich höheren Gebühren. Sehr häufig müssen internationale Anleger erst vor Ort ein Depot eröffnen, um an den Börsen überhaupt handeln zu dürfen. Es fallen also Gebühren für die Eröffnung eines ausländischen Depots an. Dazu kommen Gebühren für die Auslandsüberweisungen des Geldes und bei vielen Emerging-Markets-Börsen noch spezielle Maklergebühren für die Orderausführungen, welche die Kosten weiter in die Höhe treiben. Dies führt zu deutlich höheren Gebühren, die die deutschen Banken für Auslandsorders nehmen.

Daher lohnt sich ein Kauf an einer Heimatbörse also nur, wenn Sie große Summen ab fünfstelligen Beträgen investieren oder die Yahoo! von morgen gefunden haben. Ansonsten sind die Gebühren so hoch, dass sie einen Großteil der Performance einfach verschlingen. Dann hat am Ende nur einer daran verdient: die Bank.

Aber noch nervenaufreibender: In einigen Ländern müssen Sie als Ausländer erst bestimmte Zulassungsdokumente der Aufsichtsbehörden besitzen, um überhaupt die Erlaubnis für den Handel vor Ort zu erhalten. Und wer schon mal mit Behörden in Emerging Markets zu tun hatte, der weiß: Einem Kaktus mit den Lippen jeden Stachel einzeln herauszuziehen macht mehr Spaß, als sich mit diesen Beamten herumzuschlagen.

Deshalb kaufen die meisten Anleger Emerging-Markets-Aktien lieber an den westlichen Börsen. Hier kommt es bei Privatanlegern zu einem häufigen Missverständnis. Denn bei den Papieren, die Sie in Deutschland oder den USA handeln können, handelt es sich nicht um die wirklichen Aktien, sondern um einen so genannten ADR auf die eigentlichen Aktien. Das klingt kompliziert, ist es aber nicht. Im »Simplified«-Stil wissen Sie in zwei Minuten Bescheid:

Da in den USA viele institutionelle Investoren, vor allem staatliche Pensionsfonds, nicht im Ausland investieren dürfen, entwickelten die Investmentbanken ein System, um ausländische Aktien an die Wall Street zu bringen. Die Lösung hieß: »Depository Receipts« (kurz DR genannt). Es gibt sowohl die »American Depository Receipts« (die bekannten ADRs) als auch die europäische Variante namens »Global Depository Receipts« (die unbekannteren GDRs, die sich von den ADRs jedoch kaum unterscheiden).

Das Konzept der ADRs ist Folgendes: Ein ADR ist ein Hinterlegungsschein auf eine bestimmte Anzahl an Aktien eines ausländischen Unternehmens. Und diesen Hinterlegungsschein können die amerikanischen Fonds nun kaufen, da er ja in den USA gelistet sind. Sie können sich ein ADR wie einen Gutschein für ein Buch vorstellen. Sie haben nicht das eigentliche Buch, sondern nur den Gutschein in den Händen, aber der Gutschein garantiert Ihnen den Besitz des Buches.

Nichts anderes ist ein ADR. Mit einem ADR-Hinterlegungsschein auf die mexikanische Zementfirma Cemex erwerben Sie das Recht auf eine Aktie von Cemex, nicht aber die eigentliche Aktie. Die Aktie ist hingegen bei einer Investmentbank gelagert. Sie können den ADR natürlich theoretisch jederzeit ausüben und sich die realen Aktien liefern lassen.

Da die ADRs also keine Aktien sind, sondern nur Hinterlegungsscheine, unterscheidet sich auch die Anzahl der Aktien, für die ein einzelner ADR gilt: So kann ein ADR z. B. für zehn (Schreibweise 1:10) des Unternehmens gelten. Oft verbriefen ADRs aber auch nur einen Teilbesitz (Schreibweise 10:1). Das bedeutet: zehn ADRs entsprechen einer Aktie. Dies wird häufig gemacht um die ADRs optisch billig aussehen zu lassen. Die ADRs werden an den Börsen jedoch ganz normal wie Aktien gehandelt.

Beachten Sie aber, das ADRs natürlich den Währungsrisiken unterliegen. Die Hinterlegungsscheine notieren in Deutschland zwar in Euro, aber der Kurs eines ADR setzt sich wie folgt zusammen:

(Originalkurs an der Heimatbörse) x (Wechselkurs zum Euro) x (Anzahl der hinterlegten Aktien).

ADRs werden vor allem von Privatanlegern und Fonds genutzt, deren Regularien Käufe im Ausland verbieten. Manager von Emerging-Markets-Fonds nutzen ADRs sehr selten, da sie fast immer an den jeweiligen Heimatbörsen agieren.

ADRs unterscheiden sich in »Unsponsored ADRs«, bei denen eine Investmentbank ein ADR auf die Aktie eines internationalen Unternehmens ohne dessen Initiative auflegt, und »Sponsored ADRs«, bei denen das Unternehmen selbst den Auftrag auf ein ADR-Listing stellt. An den amerikanischen Börsen gibt es drei verschiedene Levels der »Sponsored ADRs«:

Level 1: Firmen, die ein Level-1-ADR beantragen, unterliegen nicht den strengen Bilanzierungs- und Börsenregulierungen der amerikanischen Aufsichtsbehörde SEC. So müssen diese Unternehmen keine Geschäftszahlen nach dem amerikanischen Bilanzierungsstandard US-GAAP vorlegen. Die meisten ADR-Notierungen sind Level 1. Diese Aktie notieren im spekulativen amerikanischen Freiverkehrsmarkt OTC. Da es keine Vorschriften gibt, fällt es deutlich schwerer, diese Firmen seriös zu analysieren. Das muss jedoch nicht heißen, dass diese Unternehmen schlecht sind.

Level 2: Ab hier unterwerfen sich die Unternehmen den SEC-Regulierungsregelungen. ADRs des Levels 2 müssen Jahresabschlüsse nach US-GAAP in englischer Sprache vorlegen. Dadurch ist die Analyse einer Emerging-Markets-Firma wesentlich einfacher. Daher gilt der Leitspruch: Je höher der ADR-Level, desto seriöser sind die Geschäftsberichte. Ein höherer ADR-Level bietet also mehr Sicherheit.

Ein großer Vorteil für die ausländischen Firmen: Level-2-ADRs können an den renommierten US-Börsen wie NYSE oder Nasdaq gehandelt werden. Damit werden diese Aktien automatisch für institutionelle Investoren interessant, die nicht im OTC-Markt aktiv werden dürfen.

Level 3: Der höchste Level einer ADR-Notierung. Firmen, die ein Level-3-ADR auf sich nehmen, müssen sowohl Quartals- als auch Jahresberichte nach US-GAAP veröffentlichen. Zudem muss die Geschäftsentwicklung nach den einzelnen Sparten offen gelegt werden. Dafür haben Firmen mit Level-3-ADR das Recht, in den USA Kapitalerhöhungen durchzuführen und Anleihen zu platzieren.

Ich unterscheide grundsätzlich vier Arten von Emerging-Markets-Aktien:

1. Titan-Aktien:

Hierbei handelt es sich um echte Weltkonzerne, die in ihrer Branche sogar auf dem Weltmarkt zu den internationalen Top-Unternehmen gehören. Sie spielen sozusagen in der Champions League der Weltwirtschaft und sind eigentlich schon lange keine reinrassigen Emerging-Markets-Firmen mehr. Sie kommen lediglich aus diesem Land und haben dort zumeist ihre Firmenzentrale. Zudem produzieren die Titanen dort oder in anderen Emerging Markets einen Großteil ihrer Güter.

An den Börsen sorgt die Herkunft aus den Emerging Markets dafür, dass die Aktien dieser Firmen gegenüber ihren Konkurrenten aus Europa, Japan oder den USA starke Sicherheitsabschläge aufweisen. Das ist jedoch absolut ungerechtfertigt, denn diese Weltkonzerne sind gegenüber den westlichen Mitbewerbern absolut konkurrenzfähig.

In seltenen Ausnahmefällen gibt es auch Titan-Aktien, die trotz einer eher regionalen Ausrichtung zu einem Weltkonzern gehören. Solche Konzerne entstehen, wenn die Inlandsnachfrage in einem der großen Emerging Markets so gewaltig ist, dass dieses Wachstum ausreicht, um zu einem Titan-Unternehmen zu werden. Der chinesische Mobilfunkanbieter China Mobile ist dafür ein Beispiel. Denn inzwischen ist China Mobile mit 214 Millionen Kunden das größte Mobilfunkunternehmen der

Vergleich der Aktienbewertung von Emerging-Market- und US-Titan-Aktien

Aktie	Land	ISIN	Marktkap.	KGV `06 (p)	PEG `06 (p)
Rohstoffe (Öl)					
Petrochina	China	CN0009365379	139,7 Mrd. USD	8,2	0,34
Exxon Mobil		US30231G1022	393,8 Mrd. USD	12,1	1,21
High Tech (Halbleiter/Chip)					
Taiwan Semiconductor Manufacturing	Taiwan	US8740391003	41,2 Mrd. USD	15,6	0,62
Intel	USA	US4581401001	149,0 Mrd. USD	24,0	1,17
Telekommunikation					
Telmex	Mexiko	US8794037809	22,4 Mrd. USD	9,2	1,00
Verizon Com.	USA	US92343V1044	89,9 Mrd. USD	13,0	2,60

Quelle: Bloomberg, eigenes Research, Wall Street Journal

Tabelle 9 Preise wie bei Aldi. In den Emerging Markets finden Sie selbst unter den Titan-Aktien noch sehr günstig bewertete Aktien, deren Börsenbewertung weit unter denen der amerikanischen Konkurrenten liegen.

Welt. Noch vor Vodafone, der früheren Nummer eins. Denn die Briten kommen »gerade« einmal auf 151,8 Millionen Kunden. Übrigens: Vodafone sitzt inzwischen schon der zweitgrößte chinesische Mobilfunkkonzern, China Unicom, mit 116,4 Millionen Kunden im Nacken.

Das ausschlaggebende Kriterium für ein Titan-Unternehmen ist nicht die reine Marktkapitalisierung, sondern das Standing in der jeweiligen Branche. Naturgemäß handelt es sich bei Titan-Aktien aber um sehr groß kapitalisierte Werte. Schließlich reden wir hier von globalen Großkonzernen. Normalerweise besitzen Titan-Aktien eine Marktkapitalisierung von 10 Mrd. USD aufwärts.

Fast alle Titan-Unternehmen sind als ADR mit mindestens Level 2 an westlichen Börsen gelistet und werden auch in Deutschland in der Regel mit ausreichenden Umsätzen gehandelt. Weltweit gibt es noch nicht viele Titan-Unternehmen aus Emerging Markets. Auffallend ist, dass die wenigen Titan-Firmen fast ausschließlich aus den Sektoren Rohstoffe (z. B. der russische Öl-Riese Lukoil) oder dem Hightech-Sektor (z. B. die koreanische Samsung) kommen.

2. Inlands-Blue-Chips

Hierbei handelt es sich um Top-Unternehmen, die innerhalb des jeweiligen Landes oder einer Region eine dominierende Rolle einnehmen, aber international noch nicht auf Augenhöhe mit den großen Namen der Branche stehen. Die Aktien dieser Unternehmen sind sehr spannend. Denn es handelt sich um Blue Chips. Sie besitzen also gewisse Qualitätsmerkmale und einen soliden Unternehmenswert. Aber da sie international noch nicht so bekannt sind, weisen diese Firmen sehr oft große Bewertungs-Discounts gegenüber der Peer Group auf.

Dafür sind sie wesentlich risikoanfälliger gegenüber wirtschaftlichen oder politischen Unruhen in den jeweiligen Regionen. Schließlich erwirtschaften diese Unternehmen dort den Löwenanteil ihrer Umsätze. Ein Beispiel für einen klassischen Blue Chip ist der tschechische Energieversorger CEZ. Im internationalen Vergleich ist CEZ noch ein Goldfisch unter den weltweiten Energie-Riesenfischen. Aber in Osteuropa ist CEZ die unangefochtene Nummer eins. (Schauen Sie sich dazu bitte auch Chart 17 in Kapitel 6 an.)

Blue Chips besitzen in der Regel eine Marktkapitalisierung zwischen 1 Mrd. USD und 10 Mrd. USD. Viele dieser Unternehmen haben ADR-Notierungen, allerdings meist auf niedrigeren Levels (1 oder 2). In Deutschland sind die Handelsvolumina meist schon grenzwertig, weshalb Sie vor einem Kauf auch immer die Börsenplätze in New York und London überprüfen sollten.

3. Mid Caps

Jetzt wird die ganze Sache deutlich heißer. Aber auch deutlich spannender. Denn hierbei handelt es sich um Werte aus der zweiten Reihe. Und da findet man ja bekanntlich die größten Perlen mit riesigen Kurspotenzialen. Diese Aktien sind im Ausland nur bei Experten bekannt und an den internationalen Kapitalmärkten noch völlig unentdeckt.

Das bedeutet auf keinen Fall, dass diese Firmen schlecht sind. Aber es ist deutlich schwerer, seriöse Informationen über die Geschäftsentwicklung zu erhalten. Broker-Research von großen Banken ist bei solchen Firmen meist inexistent. Wenn überhaupt, werden diese Unternehmen von regionalen Investmentbanken verfolgt, an deren Analysen Sie als Privatanleger aber nur schwer herankommen.

Die Marktkapitalisierung der kleinen Firmen liegt zwischen 300 Mio. USD und 1 Mrd. USD. Wenn diese Firmen an westlichen Börsen gelistet sind, dann fast immer nur mit Level-1-ADR. Deshalb ist das Risiko deutlich höher als bei den ersten beiden Aktiengattungen. Für konservative Anleger ist hier also Endstation, während der Zug für spekulative Anleger jetzt gerade erst richtig Fahrt aufnimmt. Denn wenn solche Aktien von der westlichen Anlegermasse entdeckt werden, dann geht die Post ab.

4. Penny Stocks

Diese Aktien lieben Privatanleger mehr als Pamela Anderson. Penny Stocks sind ADRs, die unter 1 USD bzw. 1 Euro notieren. Oftmals kosten die in Deutschland gehandelten ADRs nicht mehr als 0,10 oder sogar 0,05 Euro. Hier wittern die Zocker die ganz großen Gewinne, denn wenn eine Aktie, die Sie bei 0,10 Euro gekauft haben, nur um lächerliche 2 Cent steigt, liegen Sie schon 20 % im Gewinn.

Das sind die Chancen, über die Privatanleger die Risiken gerne vergessen. Aber diese Risiken sind beträchtlich. Oftmals handelt es sich bei diesen Werten um winzige Unternehmen, die vorzugsweise aus dem asiatischen Raum oder aus dem Goldminensektor kommen. Diese Werte besitzen nur

Level-1-ADRs und sind daher extrem schwer zu analysieren. Oft werden diese Aktien mehr durch Gerüchte und Spekulationen getrieben als durch echte Fakten.

Daher eignen sich Penny Stocks nur für hochspekulative Trader. Investoren haben hier nichts verloren. Da die Ausschläge teilweise 50 % am Tag betragen, können Sie hier auch nicht mit Stoppkursen arbeiten. Wer in Penny Stocks investiert, der muss Verlustrisiken von 40 bis 70 % in Kauf nehmen.

Allerdings winkt am anderen Ende des Regenbogens der Goldschatz. Denn nirgendwo gibt es so viele 1.000-%-Aktien wie im Penny-Stock-Sektor der Emerging Markets.

Kursverlauf der Orascom-Telecom-Aktie zwischen 2003 und 2005

Quelle: Market Maker

Chart 16 Das sind die unglaublichen Möglichkeiten von Penny Stocks. Seit Januar 2003 ist die Aktie des ägyptischen Telecomunternehmens Orascom, das auch als die »afrikanische Vodafone« bezeichnet wird, in nicht einmal drei Jahren von 1,04 US$ auf 49,87 US$ explodiert. Ein Anstieg von 4.695 %!

simplified

6 So bauen Sie Ihr Emerging-Markets-Depot auf

Damit wird es jetzt ernst: Wir kommen zum Kernstück dieses Buches. Hier fügen wir alle vorherigen Informationen zu einem gut diversifizierten Depot mit einem ausgewogenen Chance-Risiko-Verhältnis zusammen (soweit das Risiko bei Emerging Markets eben kontrollierbar ist). Dafür müssen wir aber erst einmal einen Schritt zurückgehen und kurz über Ihre allgemeine Depotstruktur sprechen.

Das grundlegende Depotgesetz

Ich will gar nicht in die Tiefe der Portfolio-Theorie über ein ausgewogenes Depot einsteigen. Dazu fehlt hier der Platz, und es führt zu weit vom Thema weg. Nur kurz der Grundgedanke: Der »Erfinder« der Portfolio-Theorie, Harry Markowitz, hat in wissenschaftlichen Studien Folgendes ermittelt: Ein Depot, das aus negativ korrelierenden Anlagen, also z. B. Auto- und Öl-Aktien, besteht, weist nicht nur ein geringeres Gesamtrisiko auf, sondern erwirtschaftet langfristig sogar höhere Gewinne. Ich kann Ihnen wirklich nur raten, sich unbedingt mit der Literatur über dieses Thema auseinander zu setzen. Es lohnt sich, und das gilt für Anfänger wie für Fortgeschrittene.

Es schadet nie, selbst nach Jahren voller Börsenerfahrungen immer wieder sein Depot und seine Anlagestrategien zu überprüfen. Ich mache es regelmäßig und ertappe mich so bei Fehlern, von denen ich eigentlich dachte, dass ich sie schon lange abgelegt hätte. Nach der Theorie von Markowitz muss ein gutes und gewinnbringendes Depot ausgewogen diversifiziert sein. Wie Sie in *Abbildung 8* sehen, besteht ein typisches gesundes Depot dabei aus Cash, Aktien, Immobilien (oder anderen Wertgegenständen wie z.B. Schmuck) und Anleihen.

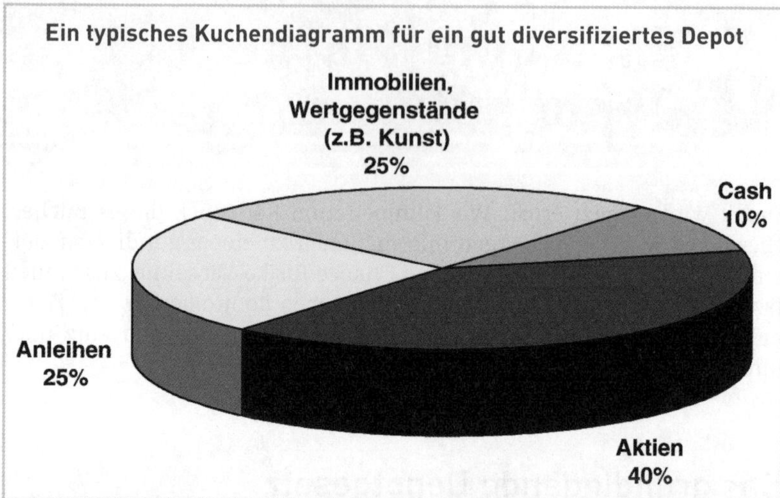

Quelle: eigenes Research

Abbildung 8 Dieses Kuchendiagramm ist allerdings kein allgemeingültiges Muster. Die Gewichtung der einzelnen Bereiche richtet sich nach Ihrem Risikoprofil und Ihrem Alter. Die beiden wichtigsten Punkte: Halten Sie immer eine Cashquote und seien Sie nie zu 100 % nur in einer Anlageart (z.B. Aktien) investiert. Die Mischung macht's.

Ich persönlich bin kein Fan von Anleihen, das sage ich Ihnen ganz ehrlich. Die Portfoliomanagement-Theorien sagen, dass man Anleihen in seinem Depot haben »muss«. Das ist mit Sicherheit nicht falsch, aber aktuell vertrete ich einen anderen Standpunkt: Gerade in Anbetracht der überhitzten Anleihenmärkte bin ich der Meinung, den Anleihenanteil durch defensive Rohstoffe zu ersetzen. Die bringen zwar keine jährlichen Zinsen, dafür aber mehr Kursphantasie. Und wenn schon Anleihen, dann bitte »Corperate Bonds« mit einem Rating von mindestens A–.

Absolut unstrittig ist, dass nur ein Teil Ihres Gesamtvermögens in Aktien investiert werden sollte. Der Aktienanteil Ihres Depots kann über Einzelwerte oder auch Fonds abgebildet werden. Von diesem Aktienanteil darf wiederum nur ein Teil in Emerging Markets gesteckt werden.

In den meisten Anlagestrategien ist für Emerging Markets eine Größenordnung von 10 % innerhalb des Aktienanteiles vorgesehen. In *Abbildung 9* habe

Ein Kuchendiagramm für den Aufbau des Aktienanteils des Gesamtdepots

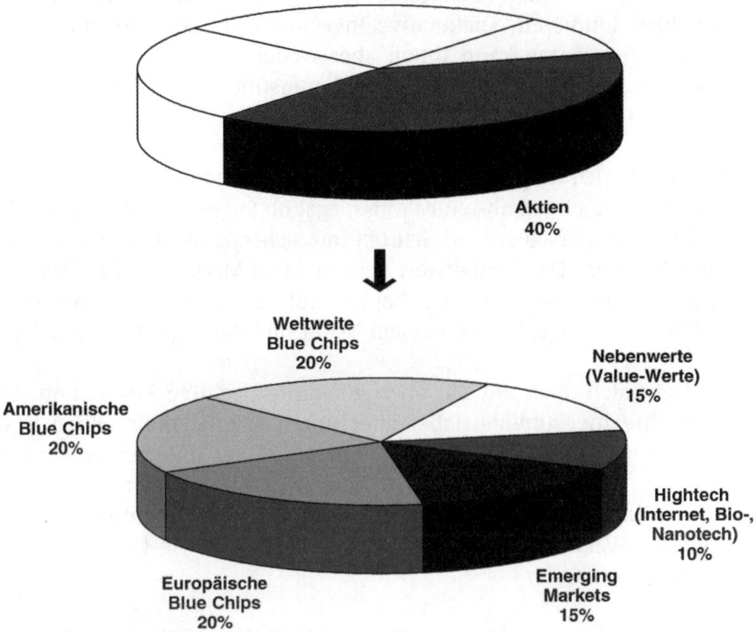

Quelle: eigenes Research

Abbildung 9 Wie Sie sehen ist der Aktienanteil eines Gesamtdepots ein eigenes Depot in sich. Wichtig ist deshalb, dass Sie auch Ihr Aktiendepot unbedingt diversifizieren müssen. Spekulative Anleger gewichten dabei die Emerging-Market- und High Tech-Positionen höher, während konservative Anleger mehr auf Standardwerte und substanzstarke Value-Werte setzen.

ich mal beispielhaft 15 % angesetzt. Ich sehe die Gewichtung von Emerging Markets jedoch anders. Mit den Verschuldungsproblemen in den USA und den politischen und gesellschaftlichen Problemen in Europa halte ich die Risiken in den westlichen Industrienationen für deutlich unterschätzt.

Deshalb bin ich der Meinung, dass Sie den Emerging-Markets-Anteil in Ihrem Aktiendepot bis zu 30 % gewichten können, wenn Sie hier auf Top-Qualität achten und dies Ihrem Risikoprofil entspricht. Wie hoch Sie

Ihren Emerging-Markets-Anteil letztendlich ansetzen, ist allerdings eine Frage Ihres persönlichen Anlagestils. Konservative Anleger werden eher zu den 10 % tendieren, spekulative Investoren die 30 % maximal ausschöpfen. Diese Frage kann Ihnen aber weder ich noch sonst jemand beantworten. Sie müssen einfach selbst herausfinden, welcher Anlagetyp Sie sind, und Ihr Depot danach strukturieren.

Risikominimierung durch Anlagenstreuung

Ein Punkt ist jedoch ein absolutes Muss, egal ob Sie ein konservativer oder ein spekulativer Börsianer sind. Ich bin mir sicher, dass Sie es inzwischen verstanden haben: Das Zauberwort bei Emerging Markets heißt »Diversifizierung«. Durch die Streuung Ihres Kapitals auf verschiedene Regionen reduzieren Sie die Abhängigkeit von einem Markt und damit Ihr Gesamtrisiko.

Dabei dreht sich alles um die oben genannte negative Korrelation. Sie verteilen Ihre Investments dabei über unterschiedliche Branchen bzw. Länder, die sich nicht ähnlich sind und sich daher unterschiedlich entwickeln. Ein typisches Beispiel für eine negative Korrelation sind die Branchen »Pharma« und »Telekommunikation«. Beide Sektoren unterliegen eigenen Wachstumsgesetzen und haben so gut wie keine Querverbindungen zueinander.

Wenn es im Pharmasektor zu einem Medikamentenskandal kommt, kümmert dies die Mobilfunkunternehmen und deren Aktien herzlich wenig. Anders ist es bei einer »positiven Korrelation«. Hier weisen beide Branchen sehr ähnliche Strukturen auf und besitzen viele Verknüpfungen zueinander, was bedeutet, dass Sie hier ein deutlich höheres Risiko eingehen. Wenn Sie beispielsweise in »Pharma« und »Biotech« investiert sind, dann hat Ihr Depot ein ernsthaftes Problem, wenn es zu Medikamentenskandalen kommt. Eine hohe positive Korrelation bedeutet also immer eine schlechte Diversifikation, während eine hohe »negative Korrelation« das Risiko in Ihrem Depot verringert.

Doch bei Emerging Markets müssen Sie wichtige Unterschiede gegenüber dem deutschen oder dem amerikanischen Markt beachten:

1) Sie müssen nicht nur nach Ländern, sondern sogar nach Regionen diversifizieren. Denn die Emerging-Markets-Krisen der Vergangenheit

haben gezeigt, dass sich solche Krisen schnell zu Flächenbränden ausbreiten, die auf andere Länder einer Region übergreifen. Es bringt Ihnen also wenig, wenn Sie Ihr Depot diversifizieren, indem Sie in Südkorea, Taiwan und China einsteigen. Was Sie wirklich brauchen, sind Regionen: Asien, Südamerika, Osteuropa, Tigerstaaten. Allerdings sei hier angemerkt, dass sich dieses Phänomen der Flächenbrände mit dem fortschreitenden wirtschaftlichen Aufschwung der Emerging Markets reduziert, da viele Volkswirtschaften und politischen Systeme in den letzten Jahren eine autarke Stabilität entwickelt haben. Viele der jüngsten Krisen zeigen nicht mehr den panikartigen Ausverkauf ganzer Regionen, nur weil irgendwo mal wieder ein politischer Skandal ein einzelnes Land in den Keller zieht. Ganz verschwinden wird die regionale Verflochtenheit jedoch nie. Setzen Sie deshalb als Basis auf unterschiedliche Regionen.

2) Innerhalb eines Landes müssen Sie dann zudem über die verschiedenen Branchen diversifizieren. Es reicht nicht zu sagen: »Gut, ich kaufe hier 1.000 China Telecom, und jetzt bin ich in China super aufgestellt.« Denn gerade in Emerging Markets kommt es immer wieder vor, dass einzelne Branchen durch politische Handlungen wie staatliche Eingriffe, gesellschaftliche oder sogar geologische Ereignisse besonders belastet werden.

Das beste Beispiel aus jüngster Zeit kommt aus China: Vor einigen Jahren waren chinesische Internet-Aktien die Stars der Wall Street. Die Aktienkurse von Werten wie NetEase.com, Sina oder Sohu.com stiegen in den Himmel. Doch seit ihrem Höhenflug 2002/03 haben diese ehemaligen Börsenlieblinge (mit Ausnahme von NetEase.com) eine harte Landung hingelegt.

Dabei sind die Börsen rund um den Globus mächtig gestiegen. Der Grund: Die kommunistische chinesische Regierung versucht mit Zensur und zahlreichen Restriktionen gegen das böse kapitalistische Internet vorzugehen. Um gegen Pornographie oder Spam-Werbemailings – was fraglos sinnvoll und löblich ist – vorzugehen, wurden gleich mal zahlreiche andere Geschäftszweige, die damit nichts zu tun hatten, mit verboten. Aber während die chinesische Internetbranche mit einschränkenden Gesetzesauflagen und Umsatzrückgängen kämpft, geht in China der Aufstieg in anderen

Branchen immer weiter. Denn dies ist ein rein Internet-spezifisches Problem, das z. B. Energieversorger überhaupt nicht tangiert.

Setzen Sie deshalb auch innerhalb eines Landes auf verschiedene Branchen, die eine möglichst hohe negative Korrelation zueinander aufweisen.

Die BRIC-Formel

Vor dem Hintergrund der Regionen-Diversifikation hat sich in den letzten Jahren eine neue Investmentstrategie für Emerging Markets entwickelt, die sich immer größerer Beliebtheit erfreut: die so genannte BRIC-Formel. Dabei stehen die vier Buchstaben für die vier großen Märkte, in denen der Anleger aufgestellt sein sollte:

B = Brasilien
R = Russland
I = Indien
C = China

Mit Hilfe der BRIC-Formel können Sie also eine hervorragende Regionen-Diversifikation erzielen und sind gleichzeitig in vier der kommenden Mega-Ökonomien, wie es *Börse Online* treffend formuliert, aufgestellt. Nach Berechnungen der Investmentbank Goldman Sachs wird das kumulierte BIP der Volkswirtschaften der BRIC-Staaten in weniger als 40 Jahren größer sein als das BIP der derzeitigen G-6-Wirtschaftsmächte (Deutschland, England, Frankreich, Italien, Japan und die USA).

Die Fondsgesellschaft DWS hat die besonderen Merkmale der BRIC-Staaten sehr plakativ und treffend zusammengefasst: Brasilien ist mit seinen reichhaltigen Rohstoffvorkommen das Rohstofflager der Welt und Russland mit seinen Öl- und Gasreserven die Zapfsäule des Globus. Dazu wird Indien mit seinen gut ausgebildeten Arbeitskräften die innovative Denkfabrik und China mit seinen niedrigen Produktionskosten die Werkhalle der Welt werden.

Diese Unterschiede bringen Ihnen noch einen weiteren Vorteil: Da sich alle vier Volkswirtschaften in unterschiedlichen Phasen der Industrialisierung befinden und andere wirtschaftliche Schwerpunkte aufweisen, besitzen sie untereinander eine hohe negative Korrelation. Denn jedes

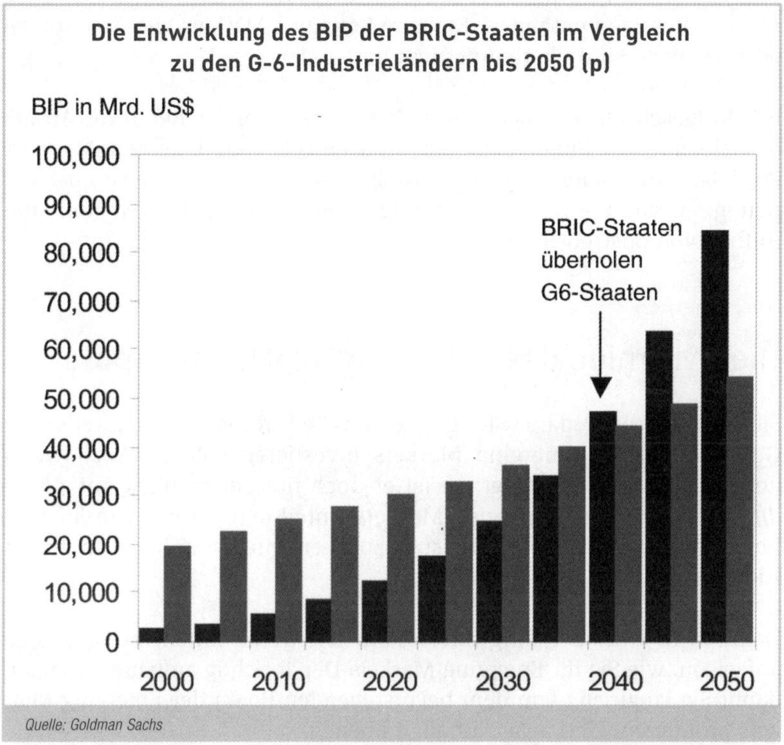

Abbildung 10 Der Siegeszug der Emerging Markets ist nicht mehr aufzuhalten. Schon im Jahr 2025 wird das BIP der vier Emerging Markets Brasilien, Russland, Indien und China (schwarz) über die Hälfte des BIP der mächtigen G-6-Industriestaaten (grau) ausmachen. Laut den Berechnungen von Goldman Sachs wird der vollkommene Machtwechsel dann gegen 2040 vollzogen.

BRIC-Land reagiert anders auf die Entwicklungen der Weltwirtschaft. So leidet China beispielsweise unter dem hohen Ölpreis, während in Russland die Kassen klingeln.

Inzwischen gibt es schon Zertifikate und Fonds, die auf der BRIC-Strategie basieren. Die BRIC-Strategie ist sehr gut, aber nur für Basisinvestments. Denn für ein ausgebautes, ausgewogenes und aussichtsreich positioniertes Emerging-Markets-Depot reicht die BRIC-Formel bei weitem nicht aus. So fehlt Osteuropa völlig, dafür ist aber das wesentlich risikoreichere Russland enthalten. Kleinere Emerging Markets wie Argentinien oder Thailand sind überhaupt nicht vorhanden.

Für fortgeschrittene Emerging-Markets-Anleger bildet der BRIC-Ansatz deshalb nur das Fundament, um sich ein globales Emerging-Markets-Portfolio aufzubauen. Für Neueinsteiger ist die BRIC-Strategie aber der richtige Ansatz für die ersten Schritte in die Emerging Markets und zum Aufbau von Basispositionen.

Die Pyramide des Emerging-Markets-Depots

Sie wissen also, dass Sie nur einen Teil Ihres Aktienanteils des Gesamtdepots in Emerging Markets investieren sollten. Auch wenn der Satz kompliziert klingt, so ist er doch mit einem Blick auf *Abbildung 9* klar. Diesen Emerging-Markets-Anteil nennen wir von jetzt an Emerging-Markets-Depot. Es ist sozusagen ein Unterdepot in Ihrem Aktiendepot.

Damit wird es nun richtig interessant. Ich werde Ihnen im Folgenden aufzeigen, wie Sie Ihr Emerging-Markets-Depot richtig aufbauen können, damit Sie langfristig von dem bevorstehenden Boom der Emerging Markets profitieren. Und zwar auf allen Ebenen.

Die 10–60–30-Formel

Ja, ich habe es wirklich mit den Formeln, die ich so entwickelt habe. Aber Formeln haben einen großen Vorteil: Man kann sie sich gut merken, und so bleiben sie Ihnen besser im Gedächtnis. Damit können Sie immer wieder selbst kontrollieren, ob alles richtig läuft.

Die Zahlen 10–60–30 stehen für die Prozentanteile Ihrer einzelnen Anlagen innerhalb Ihres Emerging-Markets-Depots:

10 = 10 % Cash

10 steht für 10 % Cash. Ja, Sie haben richtig gelesen: 10 % Cash. »Aber ich halte doch in meinem Gesamtdepot schon einen Cashanteil«, werden jetzt einige einwerfen. Stimmt, aber in einem seriösen Emerging-Markets-Depot

müssen Sie noch einmal einen Extra-Cash-Anteil bilden, um die unkalkulierbaren Risiken abzudämpfen.

Stellen Sie sich vor, Ihr Auto muss zum TÜV. Der Mechaniker kommt ölverschmiert mit einem dicken Grinsen aus der Werkstatt und sagt: »Ihr Auto ist so weit in Ordnung, es muss nur das Hinterkielvorderbreitquadrantextrahydrogelenk-Ventil ausgewechselt werden.«

Das was?

»Na das Hinterkielvorderbreitquadrantextrahydrogelenk-Ventil. Kennen Sie das nicht?« Natürlich nicht. Aber Sie sagen sich: Egal, wie viel kann so ein Ventil schon kosten? Vielleicht 200 Euro?

»2.000 Euro«, lächelt der Mechaniker und reibt sich schon mal die Hände.

Na großartig, denken Sie. Zum Glück halten Sie in Ihrem Gesamtdepot einen Cash-Anteil und können so den Mechaniker bezahlen, ohne Positionen aus Ihrem Depot zu verkaufen, denn DAX und Co. befinden sich gerade in einer schönen Hausse-Phase. Da wollen Sie natürlich eigentlich nicht verkaufen. Aber das brauchen Sie ja jetzt auch nicht.

Genau für solche Fälle ist der Cash-Anteil in Ihrem Gesamtdepot nämlich auch da. Nicht nur für Nachkäufe. Der Cash-Anteil ist auch dazu da, Ihr Depot sozusagen vor Ihnen zu schützen, da Sie so nicht unnötig aussichtsreiche Investments verkaufen müssen, um an Geld zu kommen.

Sie zahlen also zähneknirschend die 2.000 Euro für das Hinterkielvorder-dingsbums-Ventil und gehen nach Hause. Was für ein Tag! In Ihrer Wohnung überprüfen Sie im Internet die Börsen. Da kommt es über die Ticker: eine Terroraktion in Russland. Die russische Börse bricht sofort ein. So schnell können Sie Ihre Russland-Investments gar nicht liquidieren, wie es da abwärts geht. Es zieht die osteuropäischen Börsen gleich mit in den Keller. Aber die haben ja mit dem Terroranschlag nichts zu tun. Eine super Nachkauf-Gelegenheit.

Aber Sie haben kein Cash, weil Sie in Ihrem Emerging-Markets-Depot voll investiert sind und natürlich Ihre Südamerika- und Indien-Investments in einer Hausse-Phase nicht verkaufen wollen. Genau deshalb brauchen Sie innerhalb Ihres Emerging-Markets-Depots eine Extra-Kasse, die nur für Sonderchancen in Emerging Markets gedacht ist.

60 = 60 % konservative Basisinvestments

Der Löwenanteil Ihrer Emerging-Markets-Investments muss in konservative Fonds oder Zertifikate gehen. Und zwar ausschließlich in NIC-Emerging Markets. Diversifizieren Sie dabei Ihre Basisanlage unbedingt über die verschiedenen Regionen. Das bedeutet: Ihr Basisdepot muss auf die Standard-Emerging-Markets China, Indien, Osteuropa/Russland und Südamerika verteilt sein.

Bei Südamerika lasse ich mir auch noch Brasilien als Einzelmarkt gefallen. Aber wie die jüngste Krise der Lula-Regierung gezeigt hat, ist eine Südamerika-Lösung risikoärmer. Wie Sie die richtigen Fonds und Zertifikate dafür auswählen, haben Sie ja bereits in Kapitel 5 erfahren. Wichtig ist, dass es sich um solide Fonds und Zertifikate von seriösen Anbietern mit einem erfahrenen und, noch viel wichtiger, erfolgserprobten Management handelt.

30 % spekulativere Investments

Erst wenn Sie im »60 %«-Teil komplett aufgestellt sind, können Sie die restlichen 30 % in spekulativere Anlageformen investieren. Denn 70 % Ihres Vermögens sind in Cash und soliden, konservativen Fonds investiert. Jetzt können Sie sich mit dem übrigen Geld den Turbo ins Depot legen. Das bedeutet jedoch keinen Freifahrtschein für wildes Zocken. Zwischen einer spekulativen Anlage und hochriskanten Zockerinvestments besteht ein gewaltiger Unterschied. Mit »spekulativ« meine ich nämlich, dass Sie nun beispielsweise in ausgesuchte Einzelwerte einsteigen können, um bestimmte Branchen höher zu gewichten. Bei diesen Einzelwerten sollte es sich jedoch zum Großteil um solide Werte (z.B. Blue Chips oder Mid Caps) und keine Penny Stocks handeln. Zudem haben Sie mit diesen 30 % auch die Chance, in spekulativere Emerging-Markets-Länder wie z. B. Thailand zu investieren. Aber hier gilt: nur in Fonds, Index- oder Basket-Zertifikate oder ausgewählte Blue Chips.

So, nun ist es genug der grauen und abstrakten Theorien. Wir springen mitten rein ins Börsengeschehen, und ich zeige Ihnen jetzt, was die

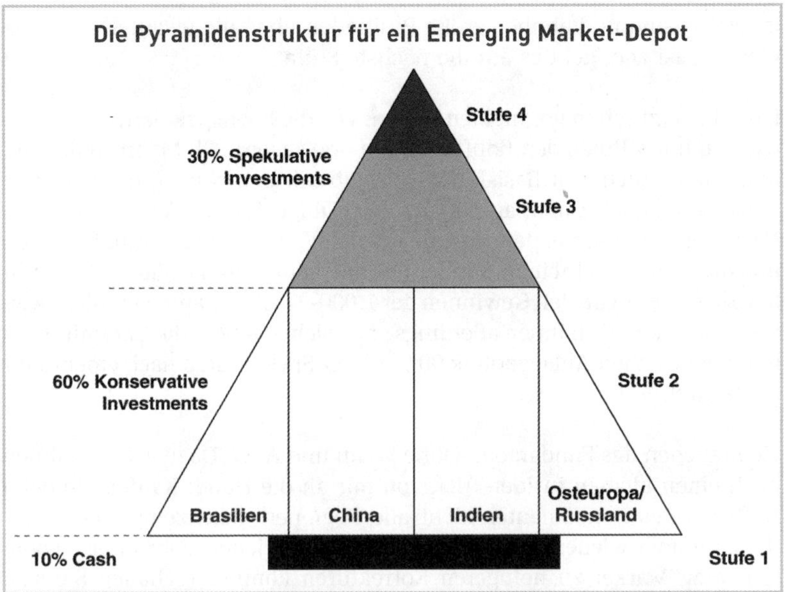

Quelle: eigenes Research

Abbildung 11 So sieht ein gut diversifiziertes Emerging-Markets-Depot aus. Sie sind in allen großen Märkten aufgestellt, haben aber durch die spekulativen 30 % die Chance, kleinere und risikoreichere Emerging Markets sowie spannende Einzelwerte abzudecken. Die genaue Gewichtung hängt dabei von Ihrem persönlichen Risikoprofil ab.

10–60–30-Formel in der Realität für Sie bedeutet. Sehen Sie sich dafür die Pyramide in *Abbildung 11* an.

Stufe 1:

Die erste Stufe ist klar und bedarf keiner Erläuterung mehr. Es handelt sich um die 10-%-Cash-Reserve.

Stufe 2:

Die zweite Stufe ist das Fundament Ihres gesamten Emerging-Markets-Depots. Denken Sie immer daran: Ohne ein gut ausgearbeitetes und breites Fundament fällt jedes Haus wieder in sich zusammen. Erst wenn die Wände stehen, wird das Dachgeschoss ausgebaut. Genau so ist es auch bei Ihrer Emerging-Markets-Anlage: Erst wenn Sie ausreichend in Stufe 2 investiert sind und ähnlich große Positionen über alle wichtigen Basisregionen besitzen, geht es auf die nächste Stufe.

Ich sehe jetzt schon vor meinen Augen, wie die hochspekulativen Zockernaturen unter Ihnen den Kopf schütteln und sagen: »Oh Mann, Wilhelmi, laber' mich nicht mit Basisfonds voll, gib mir den Namen der nächsten 1.000-%-Rakete!« Dazu sage ich nur zwei Dinge. Erstens: Wenn ich diesen Namen sicher wüsste, dann würde ich nicht an meinem Computer sitzen und dieses Buch schreiben, sondern Hängematten für die Südsee-Insel testen, die ich mir von den Gewinnen der 1.000-%-Aktie kaufen würde. Zweitens: Eines kann ich Ihnen allerdings ganz sicher geben: die Garantie, dass mit einer solchen Anlagepolitik 90 % dieser Spekulanten nach einem Jahr pleite sind.

Sie brauchen das Fundament. Ohne Wenn und Aber. Dazu gebe ich Ihnen noch einen kleinen Insider-Trick von mir an die Hand: Kaufen Sie beim Aufbau Ihres Fundamentes nicht alle Regionen gleichzeitig. Die Historie hat immer wieder gezeigt, dass es nahezu in jedem Jahr in fast jedem Emerging Market zu heftigeren Korrekturen kommt. (Schauen Sie sich dazu nur die Charts 22 bis 25 in Kapitel 8 an.)

Nur finden diese nicht immer zum gleichen Zeitpunkt statt. Aber wie Sie inzwischen wissen, sind genau diese Korrekturen Ihre optimale Kaufchance. Wenn beispielsweise die Börse in Brasilien konsolidiert, während in Osteuropa die Indizes in Polen und Ungarn von einem Hoch zum nächsten rennen, dann kaufen Sie jetzt erst einmal Ihren Brasilien-Anteil. Der Rest des Geldes bleibt sicher liegen. Erst wenn dann Osteuropa runterkommt, steigen Sie in Warschau und Budapest ein. So haben Sie die Chance, durch exzellente Kaufkurse tief einzusteigen und sich so schon in Stufe 2 einen Extra-Kick an Kursperformance zu sichern.

Stufe 3:

So, die Pflicht der Stufe 2 ist nun vollbracht. Sie sind in den großen Regionen mit soliden Basisinvestments aufgestellt. Dann kommt nun die Kür. Nämlich die 30 % spekulative Investments. Davon wandern 25 % in die Stufe 3 und 5 % in Stufe 4. In Stufe 3 können Sie nun also einzelne Länder und gleichzeitig einzelne Branchen in Ihrem Emerging-Markets-Depot stärker gewichten.

Jetzt wird es also heiß: Es bietet sich beispielsweise an, den Konsum- oder den Rohstoffsektor überzugewichten, wenn Sie von diesen Bereichen überzeugt sind. Denn wenn Sie in Rohstoff-Einzelwerten aus Emerging-Markets-Ländern einsteigen, dann profitieren Sie gleich doppelt: vom Rohstoff-Boom und vom Boom des jeweiligen Emerging Market. Das nenne ich mal eine zweifache Schubrakete für Ihr Depot. Gehen Sie z. B. von steigenden Ölpreisen aus, dann kaufen Sie sich in der dritten Stufe eine Emerging-Markets-Einzelaktie aus der Blue-Chip-Gruppe. So wie die brasilianische Petrobras, den größten Ölproduzenten Brasiliens. Mit Petrobras haben Sie dann nämlich mit nur einer Aktie gleichzeitig Brasilien und den Rohstoff Öl höher gewichtet. Achten Sie dabei jedoch unbedingt darauf, dass einzelne Länder nicht zu hoch gewichtet sind, sonst bekommt Ihr Depot schnell Schieflage, und Sie erhöhen unnötig das Risiko.

Ein Beispiel: Sie sind neben Öl auch für Stahl bullish. Klar, schließlich kaufen die Chinesen auf dem Stahlmarkt alles auf, was größer als ein Teelöffel ist. Wenn Sie aber schon mit Petrobras den Öl-Sektor abgedeckt haben, dann kaufen Sie keinen brasilianischen Stahlhersteller. Sonst haben Sie Brasilien zu hoch gewichtet. Kaufen Sie stattdessen einen Stahlproduzenten aus Osteuropa oder Südkorea.

Stufe 3 ist auch der Bereich, in dem Sie anfangen können, in Schwellenländer der Level 1 und 2 zu investieren. Hier können Sie Ihr Depot weiter diversifizieren, indem Sie auf spezielle Länder oder Regionen wie die Türkei oder einzelne Tigerstaaten, z.B. Indonesien, setzen. Dies sollten Sie über Zertifikate und Fonds tun, um eine möglichst gute Diversifikation zu erhalten. Wenn Sie keine Zertifikate kaufen, dann achten Sie aber darauf, dass Sie bei Einzelwerten nur auf die Top-Blue-Chips setzen, um das Risiko gering zu halten.

In Stufe 3 können Sie auch in einen Bereich investieren, der neben den kleineren Emerging Markets mein persönlicher Favorit für diese Stufe ist: Hierbei handelt es sich um Fonds für Nebenwerte oder Small Caps in den großen Emerging Markets. Es gibt hervorragende Fonds, mit denen Sie die kleinen Aktien aus der zweiten und dritten Reihe spielen können, an die Sie sonst nie rankommen.

Stufe 4:
Das ist die Kirsche auf der Torte. Jetzt kommen die spekulativen Anleger auf ihre Kosten. Sie haben 10 % Ihres Emerging-Markets-Kapitals in sicherem Cash und 85 % in Investments der niedrigen (soweit man das bei Emerging Markets sagen kann) und mittleren Risikoklasse investiert. Nun können Sie mit den übrigen 5 % spekulative Einzelwerte spielen. Die Betonung liegt hier auf »spielen«.

Denn Ihnen muss klar sein, dass bei solch risikoreichen Investments wie Penny Stocks auch ein Totalverlust möglich ist. Ganz sicher müssen Sie sich auf wilde Kurssprünge von teilweise über 50 % einstellen. Wenn Sie das nicht aushalten, dann kaufen Sie sich für die 5 % am nächsten Kiosk lieber ein paar Rubbellose.

Auf der anderen Seite winken Ihnen hier astronomische Gewinne. Hier haben Sie die Chance, kleine Beträge in potenzielle 1.000-%-Aktien zu stecken. Deshalb brauchen Sie auch kein großes Geld einzusetzen. Denn wenn eine solche Spekulation aufgeht, dann ist die Performance solcher Aktien so hoch, dass Sie selbst mit kleinen Einsätzen großes Geld verdienen.

Wichtig ist jedoch auch hier, die 5 % nicht nur in zwei Aktien zu investieren. Streuen Sie auch hier Ihre High-Risk-Anlagen über fünf Werte oder mehr. Wie üblich sollten es verschiedene Länder und Branchen sein. Und laufen Sie bitte nicht völlig Amok. Achten Sie auch hier auf fundamentale Qualität, soweit es möglich ist. Beispielweise gibt es hochspannende Aktien im Goldminen-Bereich, die aussichtsreiche Geschäftsmodelle (sprich Minen-Projekte) besitzen, aber deren Aktienkurse unter 1 Euro notieren. Da haben Sie also Qualität, aber gleichzeitig die Chancen von Penny Stocks.

Das Emerging-Markets-Depot für kleine Kapitaleinsätze

Einige von Ihnen werden jetzt einen berechtigten Einwand haben. Und der lautet: »Das ist alles logisch und richtig, aber so viel Geld habe ich nicht.« Ein sehr guter Einwurf. Tatsächlich ist es so, dass dieses Vier-Stufen Modell erst ab einem Emerging-Markets-Depot von 10.000 Euro wirklich Sinn macht. Das bedeutet aber, dass Sie ein Aktiendepot von mehr als 30.000 Euro haben müssen. Solche Summen besitzen viele Anleger, aber eben auch viele nicht. Bedeutet das nun, dass die Chancen der Emerging Markets nur von den Reichen richtig genutzt werden können, ähnlich wie es beispielsweise lange Jahren im Private-Equity-Segment der Fall war? Meine Antwort ist ganz klar: Nein, absolut nicht.

Selbst Kleinanleger mit geringen Kapitaleinsätzen können problemlos in die boomenden Emerging Markets einsteigen. Dafür konzentrieren Sie sich auf die Basisstufe 2 und investieren Ihr Geld in gute Emerging-Markets-Fonds oder -Zertifikate. Gehen Sie dabei clever vor und warten Sie auf die typischen scharfen Korrekturen, bevor Sie in die einzelnen Märkte einsteigen. So bauen Sie sich langsam, aber sicher zu günstigen Einstiegskursen Ihr Basisportfolio auf.

Indem Sie die Korrekturen ausnutzen und billig kaufen, ist es auch nicht so wichtig, ob es länger dauert, bis Sie Ihr Emerging-Markets-Depot auf die von Ihnen gewünschte Größe gebracht haben. Denn Sie kaufen ja nie zu Höchstkursen, sondern immer zu tieferen Baisse-Kursen, was dazu führt, dass Ihr Depot großes Langfristpotenzial besitzt, selbst wenn Sie nicht sofort mit 10.000 Euro einsteigen können. Der Cash-Anteil muss allerdings immer gehalten werden. Stattdessen fallen die Stufen 3 und 4 weg.

Trauern Sie nicht den vermeintlichen Gewinnpotenzialen dieser risikoreicheren Engagements hinterher. Denken Sie immer daran: Es ist die Gier, die Anleger in den Ruin treibt, nie die Vorsicht. Vorsicht macht Sie vielleicht nicht superreich, aber Vorsicht macht Sie unter Garantie nicht arm. Wenn Sie nur wenig Kapital haben, dann müssen Sie dieses umso mehr schützen. Ein Depot von 10.000 Euro kann einen Verlust von 1.000 Euro locker verschmerzen. Ein kleines Depot von 2.000 Euro nicht. Das ist ja das Besondere an Emerging Markets: Auch mit Investments in die sicheren 60 % können Sie mittel- bis langfristig überdurchschnittlich hohe Gewinne erzielen.

Dabei bietet sich hier wirklich der Kauf von speziell strukturierten Basket-Zertifikaten an. Denn mit einem solchen Zertifikat decken Sie gleichzeitig mehrere Märkte ab. Hier sind z.B. Zertifikate und Fonds, die nach der BRIC-Formel ausgerichtet sind, eine hervorragende Wahl. Denn so kaufen Sie sich mit einem Zertifikat gleichzeitig in vier der wichtigsten Basismärkte der Emerging Markets ein und sind so selbst bei kleinen Einsätzen bestens diversifiziert.

Bei einem kleinen Depot ist auch ein Fonds-Sparplan eine gute Anlageform, da Sie bei einigen Fonds so schon mit 50 Euro im Monat einsteigen können. Fragen Sie hierfür bei Ihrer Hausbank an. Aber Achtung: Lassen Sie sich von Ihrer Bank nicht den hauseigenen Fonds aufschwatzen, nur weil dieser einen Sparplan ermöglicht. Vergleichen Sie vorher – wie in Kapitel 5 besprochen – die Fonds für bestimmte Länder oder Regionen. Listen Sie die besten Fonds nacheinander auf und erfragen Sie dann, ob diese Fonds Sparpläne anbieten. Denn nicht jeder Emerging-Markets-Fonds tut dies.

Wenn der Fonds Ihrer Hausbank unter den Top 3 ist, umso besser, dann können Sie ihn kaufen. Wenn nicht, dann nehmen Sie den besten Fonds, den Sie kriegen können. Egal, was Ihnen Ihr Bankberater ins Telefon heult. Vergessen Sie nie: Er heult, weil seine Bank daran interessiert ist, den eigenen Fonds zu verkaufen. Wenn Sie der Mittelpunkt seines Interesses wären, dann hätte er Ihnen ja von vornherein den besten Fonds empfohlen.

Bei den Fonds sind für Emerging-Markets-Anleger mit kleinem Geldbeutel primär »Global«- und »Regionen«-Fonds interessant, da diese eine bessere geographische Abdeckung als die spezialisierten Länderfonds aufweisen. Denn es gilt: Je weniger Kapital Sie zur Verfügung haben, desto breiter sollte der Fonds oder das Zertifikat aufgestellt sein, damit Sie möglichst viele Länder abdecken.

Der Kardinalfehler bei Emerging-Markets-Investitionen

Doch um das große Potenzial der Emerging Markets auch voll auszuschöpfen, müssen Sie natürlich die kostspieligen Fehler so weit wie möglich minimieren. Es gibt zahllose Fehler, die Anleger bei der Emerging-Markets-Anlage immer wieder begehen. Übrigens nicht nur Privatanleger. Das gilt für Profis genauso. Hier alle Fehler aufzuzählen würde ein eigenes Buch brauchen, was allerdings zugegebenermaßen ein spannendes Thema wäre. Ich will Ihnen hier ganz im Sinne der »Simplified«-Strategie nur einen einzigen Fehler aufzeigen. Nämlich den Nummer-eins-Fehler der Emerging-Markets-Anlage.

Ich sage Ihnen: Wenn Sie es schaffen, nur diesen einen Fehler zu vermeiden, wird sich die Performance Ihres Emerging-Markets-Depots dramatisch verbessern. Das ist doch mal ein fairer Deal, der einfach umzusetzen ist. Eben »simplified«. Wenn Sie also nur diesen einen Fehler ausschließen, dann werden sich Ihre Verluste deutlich reduzieren.

Dieser größte Fehler unter Privatanlegern lautet: zu hohes Risiko.

Ich erlebe es fast tagtäglich aus den Kontakten mit den Lesern der Börsendienste, für die ich schreibe. Von der Gier und der Aussicht auf riesige Gewinne getrieben, werfen die Privatanleger jegliche Vorsicht über Bord und setzen ihre Depots einem viel zu hohen Risiko aus.

Die Emerging Markets sind kein Sandkasten-Spielplatz. Hierbei handelt es sich um ein risikoreiches Börsensegment, das ohne Frage große Gewinne bietet. Aber dafür eben auch hohe Risiken beinhaltet, die teilweise nicht prognostizierbar sind, wie ich Ihnen ja bereits in Kapitel 2 aufgezeigt habe. Wenn Sie schon bereit sind, diese unkalkulierbaren Risiken einzugehen, dann müssen Sie unbedingt sämtliche anderen Risikofaktoren, die Sie beeinflussen können, auf ein Minimum reduzieren.

Ich nenne diesen Kardinalsfehler das »doppelte Risiko«. Wenn Sie schon in Emerging Markets investieren, dann setzen Sie als Basisinvestment nicht auf hoch spekulative Einzelwerte von chinesischen Internetfirmen, deren Namen Sie nicht einmal aussprechen können. Immer wieder stellen Privatanleger, von der Aussicht auf schnelle und hohe Gewinne geblendet, ihre Investmentpyramide aus Kapitel 6 auf den Kopf und gewichten die höchste Risikostufe 4 so hoch, wie es eigentlich Stufe 2 sein sollte. Was passiert mit einer umgedrehten Pyramide? Richtig, sie kippt zur Seite weg und zerbricht. Wenn sich der Staub gesetzt hat, ist nur noch ein Trümmerfeld übrig. Und so sehen dann auch die Depots der Anleger aus, die volles Risiko gegangen sind.

Gehen Sie kein doppeltes Risiko ein.

Ein weiteres typisches Beispiel für das zu hohe Risiko ist der Einsatz von Warrants auf Emerging-Markets-Einzelaktien oder Indizes. Natürlich sind die Chancen von Optionsscheinen und Hebel-Zertifikaten gigantisch. Aber eben auch die Risiken. Sie können schon mit einem einfachen Investment in einen Emerging Market riesige Gewinne machen.

Kursverlauf des tschechischen Blue Chips CEZ 2002 bis 2005

Quelle: Market Maker

Chart 17 So etwas gibt es wirklich nur in Emerging Markets. Die Aktie des grundsoliden tschechischen Blue Chips CEZ, eines Energieversorgers, stieg von Januar 2002 bis September 2005 von 2,30 Euro auf 22,43 Euro. Das ist ein Anstieg von 875 % bei einem konservativen Large Cap. Wer braucht da noch riskante Hebelzertifikate?

Und dabei holen Sie sich nicht das immense Verlustrisiko von Warrants ins Depot.

Gehen Sie kein doppeltes Risiko ein.

Das Gleiche gilt für die Diversifikation. Gerade bei Privatanlegern mit kleinem Geldbeutel wird dieses Thema gerne außen vor gelassen. Frei nach dem Motto »Wenn ich überall nur 500 Euro investiere, sind die Gewinne doch viel zu klein« wird das Geld gebündelt in einen einzigen Markt gesteckt. Da können Sie sich gleich ein blutiges Steak auf den Rücken binden und am Great Barrier Riff mit weißen Haien schwimmen.

Gehen Sie kein doppeltes Risiko ein.

Selbst wenn Sie in solide Blue-Chip-Einzelwerte investieren, dürfen Sie die geöffnete Position niemals, und ich wiederhole: niemals, ohne Stoppkurs in Ihrem Depot lassen.

Gehen Sie kein doppeltes Risiko ein.

Vergessen Sie zu keinem Zeitpunkt das Grundgesetz der Börse: An erster Stelle steht der Kapitalerhalt. Erst an zweiter Stelle kommen die Gewinne. Um dieses Grundgesetz zu achten, müssen Sie das Risiko minimieren. Das ist der entscheidende Unterschied zwischen der kleinen Gruppe der langfristig erfolgreichen Anleger und der großen Gruppe der Erfolglosen.

7 Wie Sie richtig handeln

Wie Sie sehen, wird es jetzt noch konkreter. Aber ich erlebe es im Kontakt mit Privatanlegern immer wieder: Da werden Bücher und Magazine gelesen, aber die Anleger wissen am Ende nicht, wie man diese Informationen dann im alltäglichen Börsengeschäft richtig umsetzt. Gerade dieser Bereich liegt mir jedoch besonders am Herzen.

Denn was nützen Ihnen die schönsten Erläuterungen zu den wichtigsten Themen der Emerging Markets, wenn Sie danach immer noch nicht wissen, welche Besonderheiten Sie bei Kauforders für Emerging-Markets-Aktien beachten müssen oder wie Sie einen Stoppkurs richtig setzen. Deshalb habe ich mich dazu entschlossen, in diesem Buch nicht nur Basisinformationen über Emerging Markets vorzustellen, sondern Sie auch in die richtige Art der Umsetzung einzuweihen. Dieses Kapitel soll die Lücke zwischen theoretischem Wissen und realer Umsetzung schließen, sodass Sie nach diesem Einführungsbuch in der Lage sind, Aktien aus der Welt der Emerging Markets richtig zu handeln.

Wie Sie richtig kaufen

Beginnen wir mit der richtigen Art des Kaufes. Denn dies ist ein entscheidender Punkt, in dem sich das Anlegen in Emerging Markets von dem herkömmlichen Kauf deutscher Wertpapiere unterscheidet.

Fonds und Anleihen:

Die Anteile von Fonds können Sie grundsätzlich an allen deutschen Börsen kaufen oder verkaufen. Für die Anteile von Anleihen gilt das Gleiche wie für Fonds. Hier können Sie sämtliche großen Börsenplätze nutzen.

Zertifikate und Derivate:
Interessanter, aber auch komplizierter wird es da schon bei Zertifikaten, Optionsscheinen und Hebel-Zertifikaten. Grundsätzlich gibt es zwei Arten, wie Derivate gehandelt werden. Die erste ist ganz traditionell über die Börse. Heutzutage werden die Kurse für Derivate fortlaufend an fast allen großen deutschen Börsen gestellt.

Allerdings hat sich in den vergangenen Jahren die Euwax/Börse Stuttgart (ist beides das Gleiche) ganz klar zur Expertenbörse für Derivate und Zertifikate entwickelt. Hier ist das Umsatzvolumen am höchsten, da fast alle Orders von Privatanlegern an den Börsenplatz Stuttgart gestellt werden. Ein Tipp: Auf der Homepage der Euwax (*www.euwax.de*) erhalten Sie kostenlose Realtime-Kurse für alle Derivate, die dort gehandelt werden. Sie können dort also jederzeit sehen, mit welcher Geld-Brief-Spanne ein Derivat in Echtzeit aktuell gehandelt wird.

Die zweite Möglichkeit ist der so genannte außerbörsliche Handel. Dabei handeln Sie direkt mit dem Emittenten. Als Emittent für ein bestimmtes Zertifikat oder einen Warrant ist die jeweilige Bank verpflichtet, eine ausreichende Liquidität für die Investoren zur Verfügung zu stellen. Dafür bietet die Bank den Anlegern an, die Scheine direkt mit ihr zu handeln. Sie kaufen oder verkaufen ein Zertifikat oder einen Optionsschein also nicht über die Handelsplattform Börse (die ja nur dafür da ist, Käufer und Verkäufer zusammenzubringen), sondern direkt vom oder an den Emittenten.

Der außerbörsliche Handel (bei den Direktbanken mit dem Titel »Emittent« aufgelistet) hat den Vorteil, dass es keine Öffnungszeiten wie an der Börse gibt. Sie können also schon vor Börsenbeginn und nach Börsenschluss handeln. Allerdings gibt es dabei eine Einschränkung. Der Emittent stellt Ihnen einen Ankaufs- und einen Verkaufskurs, der zu diesem Zeitpunkt gültig ist. Der Emittent verpflichtet sich zwar, Orders zu diesem Kurs ausführen, aber Sie können keine Orders mit Limiten (Stop Loss oder Kauflimit) aufgeben. Neben den besseren Handelszeiten ist ein weiterer Vorteil des außerbörslichen Handels, dass keine Kosten für Maklercourtage anfallen.

Während es beim außerbörslichen Handel nur zwei Handelspartner (Sie und die Bank) gibt, treffen an einer Börse zahlreiche Investoren aufeinander, die alle individuelle Preisvorstellungen haben und daher unterschiedliche Kauf- und Verkaufsangebote stellen. Daher kommt es sehr häufig vor, dass es Unterschiede bei den Kursen im außerbörslichen und im börslichen Handel gibt. Vergleichen Sie daher die Kurse an beiden Börsenplätzen, bevor Sie eine Order aufgeben, denn sehr häufig finden sich hier Preisunterschiede, die Sie zu Ihrem Vorteil nutzen können.

Aktien:

Richtig spannend wird es beim Handel mit Aktien. Als Erstes müssen Sie wissen, dass nur ein kleiner Bruchteil der Aktien aller Emerging Markets in Deutschland und sogar in den USA notiert ist. Diese Aktien können Sie problemlos als ADRs in Deutschland, London oder den USA handeln. Hier kaufen Sie die ADRs des Emerging-Markets-Unternehmens, wie Sie auch eine ganz normale DAX-Aktie an einer deutschen Börse ordern würden. In Deutschland haben sich vor allem die Börse Berlin und die Börse München für den Handel der so genannten Exoten, also kleiner Aktien, die nicht im Rampenlicht deutscher Wirtschaftsmedien und der Investmentbanken stehen, etabliert.

Wenn Sie aber eine der zahlreichen Aktien handeln wollen, die nicht an einer großen westlichen Börse notiert ist, dann bleibt Ihnen nur der Weg an die Heimatbörse. Eigentlich ist es in der heutigen Technologiezeit ein Klacks, Aktien an den Börsen der großen Emerging Markets zu kaufen. Die entscheidenden Fragen lauten also lediglich, ob Ihr Bankberater dazu fähig ist und ob sich hohen Gebühren rentieren.

Die zwei großen Vorteile eines Kaufes an der Heimatbörse sind, dass Sie hier einmal die größte Liquidität in den Aktien finden. Hier können Sie ihre Positionen problemlos kaufen und verkaufen. Zum Zweiten können Sie hier unbekannte Aktien erwerben, die sonst nirgendwo zu bekommen sind. Das sind zwei wirklich schlagkräftige Pluspunkte. Aber auch die Minuspunkte sind sehr überzeugend. Der größte Nachteil ist, dass solche Orders teurer sind, als wenn Sie in Deutschland und den USA kaufen. Informieren Sie sich deshalb vor einem Kauf genau bei Ihrer Bank und wägen Sie dann ab, ob sich ein Kauf überhaupt lohnt.

Dazu kommt an einigen Heimatbörsen noch ein nerviger Papier- und Dokumentenkrieg, bevor Sie zum dortigen Handel zugelassen werden. Überlegen Sie sich vorher genau, ob Auslandsorders an einer Heimatbörse den Zeit- und vor allem den Nervenaufwand rechtfertigen. In den meisten Fällen ist das für normale Anleger nämlich nicht der Fall. Allerdings gibt es gerade an den deutschen Börsen einen schweren Nachteil. Hierzulande sind zwar viele Emerging-Markets-Werte an den Börsen gelistet. Aber in vielen Werten findet kaum ein regelmäßiger Handel mit ausreichenden Umsätzen statt. Das führt dazu, dass Sie hier absurd große Geld-Brief-Spannen vorfinden, die teilweise bis zu 7 % betragen können. Das ist absolut inakzeptabel, denn das bedeutet nichts anderes als Folgendes: Wenn Sie die Aktie zum aktuellen Briefkurs kaufen und dann eine Sekunde später zum Geldkurs verkaufen, erleiden Sie einen Verlust von 7 %, obwohl sich die Aktie überhaupt nicht bewegt hat.

Überprüfen Sie daher zuvor immer die Börsenplätze in New York oder London, ob diese Papiere dort nicht mit größeren Volumen gehandelt werden.

Es gilt: Je mehr Handelsvolumen eine Aktie besitzt, desto fairer werden die Geld-Brief-Spanne und damit der Kurs sein, die Sie erzielen können. Schrecken Sie nicht vor einem Kauf in London oder New York zurück, wenn Sie dort mehr Handelsvolumen vorfinden.

Sollten Sie trotzdem einen Wert kaufen, in dem nur geringer oder sogar kein regelmäßiger Handel stattfindet, dann kaufen oder verkaufen Sie

Gehandelte Stückzahlen der indonesischen PT-Telekomunikasi-Aktie

Börsenplatz	Land	Gehandelte Aktien
NYSE	USA	266.600
Berlin-Bremen	Deutschland	0
Frankfurt	Deutschland	300
München	Deutschland	0
Stuttgart	Deutschland	0
Xetra	Deutschland	100
LSE	England	0
Jakarta Stock Exchange	Indonesien	123.679.350

Quelle: Cortal Consors, London Stock Exchange, NYSE, Jakarta Stock Exchange

Tabelle 10 Dies ist ein typisches Bild für Emerging-Markets-Aktien. Am 15.09.2005 gingen bei dem indonesischen Telecom-Blue-Chip (Marktkapitalisierung: 10,2 Mrd. US$) in Deutschland gerade einmal 400 Aktien um. Das reicht nicht aus. An der US-Börse NYSE waren es hingegen am gleichen Tag 266.600 Stück.

nur mit einem Limit. Geben Sie niemals, und ich betone: niemals, eine »Market«-Order oder »Bestens-Order« auf, denn dann werden Sie mit sehr hoher Wahrscheinlichkeit einen sehr schlechten Kurs bekommen.

Wie Sie richtig Stoppkurse setzen

Gut, ich gebe es zu: Mit diesem Titel habe ich mich so weit aus dem Fenster gelehnt, dass mir nur noch mein großer Zeh Halt gibt. Denn es gibt wohl kein Thema, das an den Börsen so kontrovers diskutiert wird wie das Setzen von Stoppkursen. Aber was versteht man an der Börse eigentlich unter einem Stoppkurs?

Unter Stoppkursen, auch Stopp oder Stop Loss genannt, versteht man eine bestimmte, vorher definierte Kursmarke, bei deren Unterschreiten die Aktie, der Optionsschein oder selbst der Fonds konsequent zum nächsten gestellten Kurs verkauft wird. Durch den Verkauf schützen Sie Ihr Kapital vor weiter fallenden Kursen. Stoppkurse sind also dazu da, Ihre aufgelaufenen Gewinne zu sichern oder Ihre Verluste zu begrenzen, weil Sie davon ausgehen, dass der Basiswert nach dem Unterschreiten des Stoppkurses weiter fallen wird. Daher bildet fast immer die charttechnische Situation des Basiswertes den Rahmen für das Platzieren eines Stoppkurses.

Aber mit dem Stoppkurs ist es wie mit der Demokratie. Er ist alles andere als perfekt, aber es ist das Beste, was wir haben. Stoppkurse sind das notwendige Übel für die Einhaltung des wichtigsten Grundgesetzes des Kapitalmarktes überhaupt: Die Sicherung des Kapitals kommt an oberster Stelle. Nur wenn Sie Ihr Kapital sichern, haben Sie die Chance, langfristig an den Börsen mitzumischen und sich Ihr Stück vom Kuchen abzuschneiden.

Das geht nur, wenn Sie das eingesetzte Kapital immer gegen übermäßige Verluste absichern. Denn einkalkulieren müssen Sie Verluste immer. Da will ich Ihnen gar nichts vom Märchenprinzen erzählen. Selbst die besten Börsianer der Welt liegen immer wieder daneben. Der Grund: Die Börse basiert in erster Linie auf Psychologie und erst in zweiter Linie auf rationalen Fakten. Das führt dazu, dass es ständig zu irrationalen Ausschlägen kommt, die selbst die besten Analysten nicht prognostizieren können.

Verluste und Positionen, die ins Minus rutschen, gehören also zum Alltag der Börse. Die Anlagekunst, welche die Gewinner von den Verlierern unterscheidet, besteht deshalb darin, wie Sie mit den Verlusten umgehen. Das ist der Dreh an der Sache.

Das gilt umso mehr für Emerging Markets, die sehr hohe Kursschwankungen aufweisen. Daher gilt: Wenn Sie eine Aktie oder ein Zertifikat gekauft haben, setzen Sie sofort danach einen Stoppkurs. Damit sind wir bei der magischen Frage: Wo setzt man einen richtigen Stoppkurs? Leider muss ich Ihnen sagen, dass es auf diese Frage keine allgemeingültige, richtige Antwort gibt. Der Stoppkurs setzt sich primär aus drei Bestandteilen zusammen: der Volatilität des Basiswertes, Ihrer individuellen Verlustbereitschaft und der Charttechnik.

Fangen wir mit der Volatilität des Basiswertes an. Natürlich weisen Emerging Markets sehr hohe Kursschwankungen auf. Der folgende Chart verdeutlicht den Punkt. In Chart 18 habe ich einmal die Aktienkursentwicklung des chinesischen Telecomunternehmens China Telecom gegen die der Deutsche Telekom gelegt.

Wie Sie in dem Chartvergleich sehen, laufen Sie bei einem zu eng gesetzten Stoppkurs Gefahr, dass die Aktie kurz fällt, Ihr Stoppkurs ausgelöst wird und Sie die Aktie verkaufen. Aber das war keine Trendwende, vor der Sie sich ja mit dem Stopp schützen wollen, sondern nur die alltägliche Volatilität. Danach dreht der Wert nach Ihrem Verkauf wieder nach oben. Glauben Sie mir: Nichts treibt Sie mehr in den Wahnsinn als dieses unglückliche so genannte »Ausstoppen«.

Aufgrund der höheren Kursschwankungen von Emerging Markets müssen Sie also zwangsläufig ein größeres Verlustrisiko eingehen und einen tiefen Stoppkurs setzen. Traditionell wird als Faustformel bei spekulativen Investments eine Größenordung von 20 % genannt. Sie setzen Ihren Stopp also ca. 20 % unter Ihren Kaufkurs. Das ist der maximale Verlust, den Sie bereit sind einzugehen, wenn das Aktienengagement gegen Sie läuft. Die Größenordnung ist jedoch nicht mehr als ein weit verbreiteter Richtwert. Er hat keinerlei Allgemeingültigkeit, und mir sind auch keine statistischen Modelle bekannt, die einen Stoppkurs von 20 % unter dem Kaufkurs als optimal belegen könnten.

Vergleich der Kursverläufe der Aktien der Deutschen Telekom und der China Telecom zwischen 2003 und 2005

Quelle: Market Maker

Chart 18 In diesem Chart erkennen Sie unschwer zwei Dinge. Die Aktie der China Telecom (schwarz) hat sich deutlich besser als die Deutsche Telekom entwickelt. Aber dabei macht die China Telecom auch deutlich heftigere Ausschläge als die Aktie der Deutschen Telekom (grau). Und zwar sowohl nach oben als auch nach unten. Das zeigt Ihnen, dass Sie dem erhöhten Risiko von Emerging Markets durch einen tiefer gesetzten Stopp Rechnung tragen müssen.

Deshalb hängt es von Ihrer individuellen Verlustbereitschaft ab, wie tief Sie den Stoppkurs setzen. Diese Verlustbereitschaft ist bei jedem Anleger unterschiedlich. Manche Anleger sind bereit, für entsprechende Chancen Verluste von 30 bis 40 % in Kauf zu nehmen. Sie setzen ihren Stopp also 30 bis 40 % unter den Kaufkurs. Erst darunter werden die Verluste für diese Anleger zu groß. Andererseits kenne ich viele Profi-Trader, für die schon Verluste über 2 % inakzeptabel sind und die daher mit ganzen engen Stoppkursen arbeiten.

Gerade bei volatilen Märkten, wie es Emerging Markets nun einmal sind, müssen Sie jedoch ungewöhnlich hohe Kursschwankungen von teilwei-

Quelle: Market Maker

Chart 19 Wenn Sie sich den Chart anschauen, dann sehen Sie, dass Turkcell im Jahr 2005 im Bereich von 12,20 bis 12,30 USD eine sehr solide Unterstützung hat. In 2005 hat diese Linie fünfmal gehalten. Es bietet sich daher an, einen Stopp für den türkischen Mobilfunkanbieter knapp unter die Marke von 12,00 USD zu setzen und sich so gegen die Verluste abzusichern, falls die Aktie unter die Unterstützung fällt.

se über 10 % am Tag erwarten und einkalkulieren. Daher machen enge Stoppkurse unter 10 % kaum Sinn. Die Gefahr ist groß, dass Sie aus einer Aktie an einem schwachen Tag willkürlich ausgestoppt werden, ohne dass bei dem Unternehmen etwas Negatives passiert ist.

Damit kommen wir zum dritten Punkt: zur Charttechnik. Sie dient als Richtlinie, wo Stoppkurse platziert werden sollten. Dabei bieten Unterstützungszonen eine gute Orientierung. Hierbei handelt es sich um Kursniveaus, bei denen in der Vergangenheit immer wieder Käufer zugegriffen haben und der Aktienkurs danach gestiegen ist.

Ich verspreche Ihnen hier hoch und heilig: Sie werden Stoppkurse hassen. Denn es wird immer wieder passieren, dass Sie bei den hochvolatilen Emerging Markets aus Werten ausgestoppt werden, deren Aktienkurse just danach durch die Decke schießen. Aber das ändert nichts daran: Stoppkurse sind bei den risikoreichen Emerging Markets absolute Pflicht.

Wie Sie richtig verkaufen

Eine alte Börsenweisheit besagt, dass das Geheimnis der erfolgreichen Anlage nicht im Kauf, sondern im richtig getimten Verkauf liegt. Das gilt besonders für mittelfristige Anleger und Trader. Aber was ist die richtige Verkaufsstrategie? Grundsätzlich gibt es eine aktive und eine passive Verkaufsstrategie, die von Ihrem Anlegertyp abhängig ist. Die Börsenhistorie der Emerging Markets hat aber gezeigt, dass wie fast immer im Leben die Mischung beider Ansätze zu den größten Erfolgen führt.

Fangen wir mit der passiven Strategie an. Bei der passiven Strategie lassen Sie den Markt entscheiden, wann und zu welchem Kurs die Aktie verkauft wird. Dafür setzen Sie einen Stoppkurs und ziehen diesen bei steigenden Aktienkursen weiter nach.

Exkurs: Was bedeutet »den Stoppkurs nachziehen«?

»Den Stoppkurs nachziehen« ist ein feststehender Ausdruck aus dem Börsenvokabular. Diese Aktion ist von existenzieller Bedeutung für Ihren Börsenerfolg. Wie Sie ja bereits wissen, kaufen Sie eine Aktie und setzen dann darunter je nach charttechnischer Situation und persönlicher Verlustbereitschaft einen Stoppkurs. Wenn die Aktie dann anfängt zu steigen und Sie Gewinne erzielen, müssen Sie den ursprünglichen Stoppkurs natürlich an die neue Kursentwicklung anpassen. Das heißt, Sie heben den Stoppkurs an, da die Aktie ja gestiegen ist. Dieses Anheben nennt man in der Fachsprache »den Stoppkurs nachziehen«, denn Sie ziehen den Stoppkurs hinter dem steigenden Aktienkurs nach. So sichern Sie Ihre Gewinne, wenn die Aktie weiter steigt.

Ein Beispiel: Sie kaufen die Aktie des russischen Öl-Riesen Lukoil am 21.02.2005 für 25,00 Euro. Den Stoppkurs setzen Sie mutig 20 % darunter, also bei 20,00 Euro. Würde die Aktie von Lukoil unter 20,00 Euro fallen, würden Sie den Wert konsequent sofort verkaufen.

Aber so kommt es nicht. Im Gegenteil: Die Aktie schaltet in den zweiten Gang und setzt den Blinker links. Im August ist die Aktie auf über 39,00 Euro gestiegen, und Sie sind sagenhafte 56 % im Gewinn. Da sich die charttechnische Situation seit Ihrem Kauf deutlich zu Ihren Gunsten verändert hat, ziehen Sie den Stoppkurs auf 30,00 Euro nach. Damit sichern Sie Ihre Gewinne.

Bei der aktiven Strategie sieht die Sache anders aus. Hier versuchen Sie, durch gezielte Verkäufe die Aktie im Bereich der Höchstkurse zu verkaufen

Kursverlauf der Aktie von Lukoil in 2005

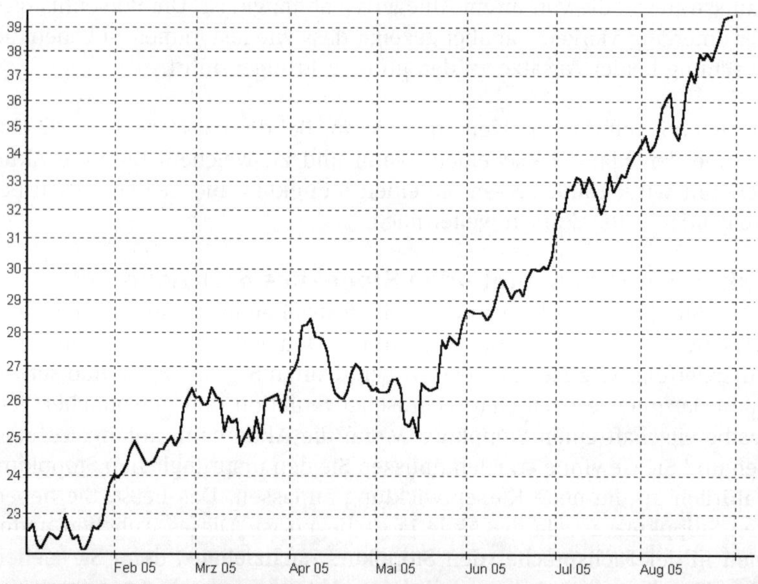

Quelle: Market Maker

Chart 20 Von solchen Charts träumen Börsianer nachts. Mit dem steigenden Aktienkurs ziehen Sie den Stoppkurs nach, um Ihre Gewinne zu sichern. So werden Sie die Aktie bei einem nachgezogenen Stopp auf 30,00 USD selbst im schlechtesten Fall mit einem Gewinn von 20 % verkaufen. Aber nach oben halten Sie sich alle Chancen offen.

und sich so den maximalen Gewinn zu sichern. Dafür bieten die euphorischen Übertreibungsphasen der Emerging Markets exzellente Chancen. Denn wie Sie wissen, kommt es in Emerging Markets immer wieder zu kurzfristigen Börsenblasen, die irgendwann platzen. Aktive Anleger nutzen solche Übertreibungen, um in Nähe der Höchstkurse auszusteigen. So können sie die volatilen Schwankungen der Emerging Markets, die aufgrund von Euphoriephasen und Krisen in gesunder Regelmäßigkeit immer wieder vorkommen, optimal für ihre Gewinne ausnutzen.

Die Schwierigkeit besteht darin, diese Übertreibungsphase genau festzulegen. Exakt zu sagen, wann eine Aktie oder ein Emerging Market überbewertet ist und sein Kurshoch gefunden hat, ist fast unmöglich. Wie gehen Sie deshalb am besten vor? Als gute Maßstäbe haben sich in der Vergangenheit die Bewertungen von Einzelaktien oder ganzen Märkten sowie der Kontraindikator der euphorischen Marktstimmung erwiesen.

Fangen wir mit dem ersten Punkt an: Wenn Sie feststellen, dass eine Aktie oder ein ganzer Markt (denn der kann ja auch bewertet werden) nach einem tollen Anstieg Bewertungskennziffern (wie KGV, KUV oder PEG) besitzt, die höher als das erwartete Gewinnwachstum sind, dann sind das ernst zu nehmende Warnzeichen. Dazu sollten Sie diese Bewertung immer noch mit der Bewertung der Konkurrenz aus den Industrieländern vergleichen. Zeigen diese Vergleiche, dass die Emerging-Markets-Aktien ihren Risikoabschlag abgebaut haben oder inzwischen sogar teurer als DAX- oder Euro-Stoxx-50-Werte sind, dann ist das eine klare Überbewertung, und die Ampeln schalten auf »Gelb«.

Als zuverlässiger Kontraindikator hat sich bei meinen Recherchen auch die Börseneuphorie für einen Emerging Market erwiesen. Wenn über den Markt schon im Fernsehen berichtet wird und Sie Werbung für Fonds oder Zertifikate für dieses Land in sämtlichen Börsenmedien sehen, dann ist der Höhepunkt der Rallye meist nicht mehr weit. Hier bietet es sich dann an, die Positionen nach und nach in die steigenden Kurse hineinzuverkaufen. Wenn der Markt dann kippt, sind Sie schon draußen.

Ganz wichtig ist, dass Sie sich an das Grundgesetz Nummer 2 der Kapitalanlage halte: »Gewinne laufen lassen, Verluste begrenzen«. Ja, den Satz haben Sie schon mal gehört, habe ich Recht? Ich persönlich kann diesen oberschlauen Satz nicht mehr hören. Dagegen war der alte Spruch meiner Großmutter »Daniel, du lernst nicht für die Schule, sondern für das Leben« wie eine Weisheit des Dalai Lama. Aber das Schlimmste an dem Satz: Er stimmt. Genau wie der Spruch meiner Großmutter. Allerdings muss er für Emerging Markets heißen: »Gewinne und Seitwärtsphasen laufen lassen und Verluste begrenzen«. Aus zwei Gründen:

1) Da die Börsenbewegungen von Emerging Markets stark durch die Rotation des ausländischen Großkapitals gesteuert werden, kommt es immer zu extremen Ausschlägen. Sprich: Wenn es abwärts geht, dann geht es richtig abwärts. Und zwar mit Höchstgeschwindigkeit und ohne angezogene Handbremse. Wenn Sie Ihre Verluste also nicht durch Stoppkurse begrenzen, kann aus einem zu verschmerzenden Minus von 10 % schnell eine Kapitalvernichtung von 60 % werden.

2) Besonders bei den Mid Caps und Penny-Stock-Aktien ist es sehr häufig so, dass diese lange Zeit unter geringen Schwankungen seitwärts laufen. Da passiert eine halbe Eiszeit lang nichts, und plötzlich explodieren die Kurse. Manchmal sind diese raketenartigen Kurssprünge tatsächlich auf sensationelle Neuigkeiten zurückzuführen. In den allermeisten Fällen ist es jedoch so, dass internationale Anleger plötzlich diese Aktie entdeckt haben.

Denn gerade kleinere Aktien aus Emerging Markets werden von Analysten und Fonds kaum beachtet und fliegen so unter dem Börsenradar westlicher Anleger. Daher kommen die langen Durststrecken. Bis die Aktie entdeckt wird: Dann verbreitet sich die Nachricht wie ein Lauffeuer in der Finanzbranche. Es werden Analystenberichte erstellt, es kommen Kaufempfehlungen, und die Aktien tauchen in den Börsenmedien auf. Dann geht der Anstieg so schnell, dass Sie nicht einmal mehr die Zeit haben, sich vor der Kauforder ein Leberwurstbrot zu schmieren. Deshalb müssen Sie als Emerging-Markets-Anleger immer einen langen Atem mitbringen. Ein klassisches Beispiel dafür waren die Kursexplosionen bei chinesischen Internet-Aktien im Jahr 2002.

Seitwärtsphasen können bei Emerging Markets locker über Monate, teilweise sogar Jahre andauern. Aber solange die fundamentale Entwicklung stimmt, bleiben Sie investiert. Wenn Sie hier zu früh die Reißleine

Kursverlauf der chinesischen Internet-Aktie Sina von 2001 bis 2003

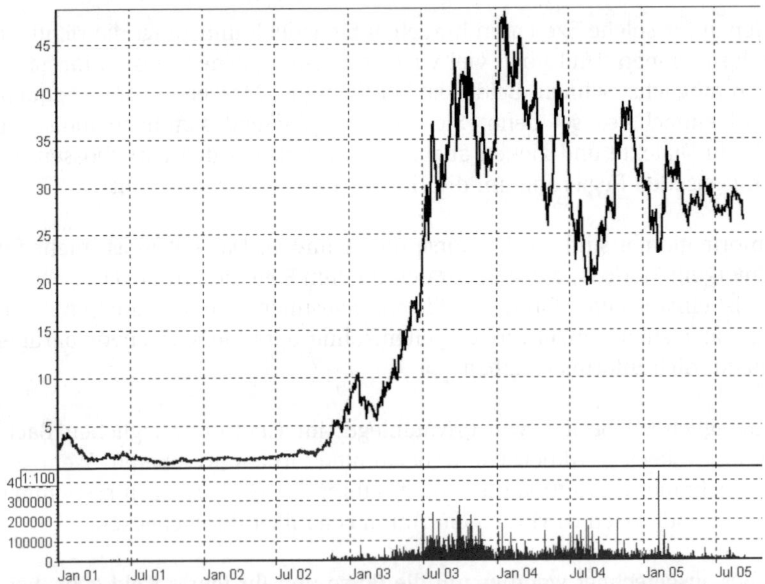

Quelle: Market Maker

Chart 21 Gerade bei unbekannten Emerging-Markets-Werten brauchen Anleger einen langen Atem. Aber der kann reich belohnt werden. Knapp eineinhalb Jahre dümpelte die chinesische Internet-Aktie Sina (schwarz) unerkannt um die Marke von 1,00 USD. Im Sommer 2002 wurde die Aktie dann plötzlich von internationalen Anlegern entdeckt, und die Kurse explodierten.

ziehen, werden Sie weinend vor Ihrem PC sitzen, wenn eine Aktie dann von der Masse der Anleger entdeckt wird.

In der Realität gestaltet sich eine Mischstrategie wie folgt: Sie setzen nach dem Kauf einer Aktie sofort einen Stopp. Fällt die Aktie, werden Sie mit akzeptablen Verlusten ausgestoppt. Steigt die Aktie, ziehen Sie den Stoppkurs nach. So kann Ihnen auf dem Weg nach oben gar nichts passieren. Kommt es bei der Aktie zu einem übertriebenen Anstieg, setzen aktive Anleger den Stoppkurs aus und verkaufen in die euphorische Kursblase. Wenn die Korrektur vorbei ist, können Sie dann unten in Seelenruhe in die gleiche Aktie zu günstigen Preisen wieder einsteigen.

Wie Sie sich richtig informieren

Genau für solche Szenarien brauchen Sie jedoch unbedingt die richtigen Informationen. Und noch viel wichtiger: Sie brauchen diese Informationen möglichst schnell. Beides ist bei Emerging Markets nicht so bequem und einfach, es sei denn, Sie sprechen fließend sämtliche indischen Hindu-Dialekte und ziehen abends ab und zu mit den Parteibossen der chinesischen Regierung um die Häuser, dass es nur so kracht.

Informationen sind an der Börse das A und O. Das gilt umso mehr für Emerging Markets, die sich auf der anderen Seite der Erdkugel befinden. Es ist ein absolutes Tabu, dass Sie ein Investment in einen Emerging Market oder einen Einzelwert eingehen, ohne dass Sie sich zuvor darüber ausführlich informiert haben.

Tagtäglich erlebe ich, wie Privatanleger ihr Geld ohne jeglichen Background-Check in Aktien von unbekannten Firmen investieren. Wenn Sie ein gebrauchtes Auto kaufen, dann fahren Sie es doch auch erst einmal Probe und lassen es von einem Automechaniker durchchecken.

Aber ausgerechnet wenn es um die Börse und Ihr teures Geld geht, höre ich dann von Privatanlegern, dass der Bruder der Schwester des Schwagers einen Penny Stock aus Kasachstan empfohlen hat, dessen Firmenzentrale auf den Bahamas sitzt und die »irgendwas mit Nanotech« machen. Solche Anleger können ihr Geld auch direkt verbrennen oder verzechen, dann haben sie zumindest noch eine gute Nacht davon gehabt.

Das wichtigste Medium für Emerging-Markets-Anleger ist das Internet. Dank des Internets haben Privatanleger heutzutage Zugang zu Informationen über Emerging Markets, die denen der Profis kaum noch nachstehen. Noch viel wichtiger: Sie erhalten die neuesten Nachrichten in Sekundenschnelle. Eine Liste guter Internetseiten, die sich mit dem Thema Emerging Markets beschäftigen, habe ich für Sie im Anhang zusammengestellt.

Es gibt zahlreiche Internetseiten, auf denen Sie sich jeden Tag über die Entwicklung in den einzelnen Emerging-Markets-Regionen hervorragend informieren können. Zudem ist es heute bei seriösen, großen Emerging-

Markets-Firmen zum erfreulichen Standard geworden, dass deren Internetseiten neben der Landessprache auch in Englisch verfügbar sind. So können Sie also schon mit einem einfachen Besuch auf der Homepage der Firma, die Sie interessiert, die Geschäftsberichte und Unternehmensmeldungen in englischer Sprache einsehen.

Bei kleineren Unternehmen aus der zweiten und dritten Reihe sehen die Informationsmöglichkeiten jedoch leider oft anders aus. Häufig finden Sie hier keine aktuellen Geschäftszahlen, oder die Nachrichtenabteilung ist vollkommen veraltet. Manchmal besitzen solche kleinen Firmen noch nicht einmal eine englischsprachige Internetseite. Solche Werte sind für seriöse Investments inakzeptabel. Ein Aktienengagement auf einer solchen Informationsbasis aufzubauen ist keine Anlage mehr, sondern nur noch Glücksspiel.

Aber Sie merken schon, dass es eine entscheidende Bedingung gibt: Sie müssen Englisch sprechen. Es muss nicht für ein Oxford-Studium reichen, aber ohne Englisch, die Wirtschaftssprache Nummer eins, werden Sie Probleme bekommen. Wenn Sie kein Englisch sprechen, sollten Sie auf keinen Fall auf eigene Faust handeln und auf den berühmt-berüchtigten »heißen« Tipp des Arbeitskollegen hören.

In diesem Fall gibt es für Sie nur zwei Möglichkeiten:

1) Sie investieren in Fonds oder Zertifikate. Denn dann ist es Aufgabe des Fondsmanagers, sich über die Nachrichten und die Entwicklung der einzelnen Unternehmen zu kümmern. Das entbindet Sie jedoch keinesfalls davon, sich über die volkswirtschaftlichen und politischen Entwicklungen der Länder, in die Sie über Fonds und Zertifikate investiert haben, zu informieren. Doch diese Informationen erhalten Sie heutzutage problemlos in deutscher Sprache.

2) Wenn Sie in Einzelaktien investieren wollen, bietet es sich für Sie an, fundierte und seriöse Börsendienste zu lesen, die sich auf das Thema Emerging Markets spezialisiert haben. Davon gibt es in deutscher Sprache einige sehr gute Magazine (aber leider auch einige weniger gute). Diese Publikationen untersuchen sozusagen die Unternehmen für Sie und stellen Ihnen dann die Ergebnisse zu den Firmen in deut-

scher Sprache vor. So umschiffen Sie geschickt das Englisch-Problem und sparen sich gleichzeitig die Research-Zeit.

Aber: Bitte beachten Sie, dass Ihre Wahl auf qualitativ hochwertige Dienste fällt. Am besten testen Sie verschiedene Börsendienste. Heutzutage ist es Standard, dass Sie diese kostenpflichtigen Börsendienste für einige Ausgaben gratis testen können. Ihnen entstehen also keine Kosten, und Sie können sich einen guten Überblick verschaffen.

Tageszeitungen, TV-Nachrichten und selbst die allgemeinen Wirtschaftspresse sind hingegen nur bedingt von Nutzen. Denn es gibt ein großes Problem: Emerging Markets sind in der Öffentlichkeit einfach noch zu unbekannt. Das gilt übrigens für Deutschland wie die USA. Aufgrund dieses fehlenden Interesses spielen Emerging Markets in den täglichen Wirtschaftsnachrichten noch eine ungeordnete Rolle. So gibt es selbst in der Wirtschaftsfachpresse kaum eigene Emerging-Markets-Seiten. Wenn derartige Magazine oder TV-Sendungen sich daher mit Themen der Emerging Markets befassen, dann handelt es sich fast immer nur um Modethemen, die derzeit in Finanzkreisen herumgereicht werden.

Aber Sie wissen: Wenn das der Fall ist, dann sind die leckersten Stücke am Buffet, sprich die größten Gewinne, schon längst vergeben. Die Qualität der Informationen ist meist einwandfrei, aber die Inhalte sind fast immer nur prozyklischer Mainstream. Denn solche Medien greifen fast immer nur populäre Trends auf, die aktuell bei den Zuschauern angesagt sind, und befassen sich nur sehr selten mit neuartige Entwicklungen.

Stellen Sie sich daher einen Korb an informativen Internetseiten zusammen, die sich mit Emerging Markets im Allgemeinen oder mit einzelnen Ländern im Speziellen befassen. Ein Tipp: Nutzen Sie das Wissen der Banken zu Ihrem Vorteil. Viele Investmentbanken aus einzelnen Emerging Markets bieten inzwischen englischsprachiges Research und Marktberichte an, die Sie teilweise kostenlos auf den Internetseiten abrufen können. Für 0,00 Euro erhalten Sie hier also aktuelle Marktkommentare auf Analystenniveau.

Vorsichtig sollten Sie hingegen mit den Verkaufsprospekten von Fonds und Zertifikaten zum Thema Emerging Markets sein. Denn wie der Name schon sagt, handelt es sich hierbei um Verkaufsprospekte. Mit objektiven

Analysen, die Sie ja brauchen, hat das wenig zu tun. Noch mehr Vorsicht lassen Sie bitte unbedingt auch bei den beliebten Internet-Chatboards walten. Hin und wieder treffen Sie dort auf wirklich kompetente Menschen, die Ihnen wichtige Informationen liefern können. Meist handelt es sich jedoch um die Pusherei von kleinen Aktien, um deren Kurse in die Höhe zu treiben. Die dort immer wieder verbreiteten Gerüchte über angeblich bevorstehende »Hammermeldungen« der »Penny-Stock-Rakete« gehören sofort in den Papierkorb.

simplified

8 Schlusswort

Damit sind wir auch schon am Ende dieses Buches. Doch dieses Ende bildet für Sie erst den Anfang Ihres Einstieges in die Welt der Emerging Markets. Denn jetzt wissen Sie, welche riesigen Chancen Investments in die Emerging Markets bieten und welche Risiken dort auf Sie lauern. Fakt ist, dass vor allem die großen Emerging Markets durch die sehr positiven Entwicklungen der letzten Jahre wirtschaftlich so gut dastehen wie nie zuvor.

Statt Sie mit irgendwelchem BlaBla zu langweilen, wie dieses Buch entstanden ist, möchte ich Ihnen zum Abschluss lieber noch einmal kurz und knapp die fünf wichtigsten Punkte dieses Buches auflisten.

1) Wir befinden uns aktuell in den Anfängen einer historischen Weltumbruchsphase. Setzen Sie auf die neuen Leitwölfe der Weltwirtschaft: die Emerging Markets.

2) Reduzieren Sie die Risiken der Emerging-Markets-Anlage durch Diversifikation.

3) Gehen Sie kein doppeltes Risiko ein.

4) Kaufen und verkaufen Sie nie ohne Limit. Setzen Sie immer einen Stoppkurs.

5) Nutzen Sie Korrekturen zum optimalen Einstieg.

Denn in einem können Sie bei Emerging Markets immer sicher sein: Die nächste Krise kommt garantiert. Schauen Sie sich nur die großen vier BRIC-Staaten in den letzten zwei Jahren an:

Kursverlauf des brasilianischen Index Bovespa 2003 bis 2005

Quelle: Market Maker

Chart 22 Die brasilianische Börsen-Hausse kam durch einen heftigen Korruptionsskandal der Regierung Lula im Frühling 2005 zu einem abrupten Ende. Eine perfekte Kaufgelegenheit. In den Jahren 2003 und 2004 kam es zu fast identischen Zeitpunkten ebenfalls zu ähnlichen Korrekturwellen.

Kursverlauf des indischen Index Sensex zwischen 2003 und 2005

Quelle: Market Maker

Chart 23 In 2004 knickte der indische Aktienmarkt nach dem überraschenden Wahlsieg der Präsidentschaftskandidatin Sonia Gandhi deutlich ein. Eine exzellente Chance für einen Einstieg in den indischen Markt.

Quelle: Market Maker

Chart 24 Die Yukos-Affäre belastete den RTX und verunsicherte die Anleger. Hier konnten Sie wunderbar zu günstigen Preisen einsteigen.

Quelle: Market Maker

Chart 25 In 2005 hatte der chinesische Aktienmarkt nichts zu lachen. Hintergrund waren aufkommende Ängste einer Verlangsamung des Wirtschaftswachstums. Kluge Emerging-Markets-Anleger nutzten die negative Stimmung und kauften sich im Reich der Mitte ein.

Sie sehen, in jedem der vier großen Emerging Markets gab es in den letzten zwei Jahren Baisse-Phasen, in denen Sie wunderbar zu tiefen Kursen kaufen konnten. Sie werden Ihre Chancen bekommen. Nutzen Sie diese, um in die Märkte von morgen einzusteigen. Denn die Welt ist im Wandel.

simplified

9 Wo Sie wichtige Informationen finden

Das Internet ist für aktive Emerging-Markets-Anleger die wichtigste Informationsquelle. Folgende Internetseiten werden Ihnen bei Ihren Recherchen hilfreich sein:

Tägliche Informationen und Länderanalysen:

www.bloomberg.com
www.dbresearch.de
www.ftd.com
www.worldbank.org
www.wsj.com

Aktien, Anleihen und Devisen:

www.adr.com
www.boerse-go.de
www.emfis.com
www.fitchrating.com
www.moodys.com
www.standardandpoors.com

Fonds, Zertifikate und Warrants:

www.euwax.de
www.fondweb.de
www.morningstarfonds.com
www.msci.com
www.onvista.de
www.zertifikateweb.de

Börsen:

Argentinien:	*www.merval.sba.com.ar*
Brasilien:	*www.bovespa.com.br*
China:	*www.hkex.com.hk* (Hongkong)
	www.sse.com.cn (Shanghai)
	www.szse.cn (Shenzhen)
Indien:	*www.bseindia.com*
Indonesien:	*www.indoexchange.com*
Mexiko:	*www.bmv.com.mx*
Polen:	*www.wse.com.pl*
Russland:	*www.rts.ru*
Südafrika:	*www.jse.co.za*
Südkorea:	*www.kse.or.kr*

Tschechien:	*www.pse.cz*
Thailand:	*www.set.or.th*
Türkei:	*www.ise.org*
Ungarn:	*www.bse.hu*

simplified

10 Glossar

ADR Abkürzung für »American Depository Receipts«. Ein ADR ist ein von Brokern ausgegebener Hinterlegungsschein, der das Eigentum auf eine ausländische Aktie verbrieft. Dabei kann sich ein ADR auf eine oder mehrere Aktien beziehen.

Baisse Aus dem Französischen übernommener Fachausdruck für eine Börsenphase, in der die Kurse über einen längeren Zeitraum immer weiter fallen. Das deutsche Gegenstück dazu ist der Ausdruck »Bärenmarkt«.

BIP Bruttoinlandsprodukt. Das BIP ist die Summe aller in einem Land produzierten Güter und Dienstleistungen.

B2C Der Internetfachausdruck ist die Abkürzung für »Business-to-Consumer«. In Abgrenzung zum Sektor B2B, also »Business-to-Business«, bedeutet B2C, dass über das Internet der Handel zwischen Firmen und privaten Konsumten (auch Endkunden genannt) stattfindet. Das erfolgreichste und bekannteste B2C-Unternehmen ist das amerikanische Online-Versandhaus Amazon.com.

Bonds Engl. Fachausdruck für »Anleihen«.

Corporate Bonds Engl. Fachausdruck für Unternehmensanleihen z. B. von Siemens etc.

Dividendenrendite Eine Kennziffer für die Bewertung einer Aktie. Die Dividendenrendite zeigt an, wie viel Prozent des aktuellen Aktienkurses als Dividende ausgeschüttet werden. Daher gilt: je höher die Dividendenrendite, desto lukrativer die Aktie.

Emittent Name für eine Bank, die ein bestimmtes Zertifikat oder Derivat auf den Markt gebracht hat.

GDR Abkürzung für »Global Depository Receipts«. Das europäische Gegenstück zum ADR. Die Funktionsweise ist identisch. Der GDR ist ein von Brokern ausgegebener Hinterlegungsschein, der das Eigentum auf eine ausländische Aktie verbrieft. Dabei kann sich ein GDR auf eine oder mehrere Aktien beziehen.

Hausse Aus dem Französischen übernommener Fachausdruck für eine Rallye-Phase, in der die Kurse über einen längeren Zeitraum immer weiter steigen. Das deutsche Gegenstück dazu ist der Ausdruck »Bullenmarkt«.

IWF Internationaler Währungsfonds. Die Organisation wurde 1944 gegründet, um die Stabilität des Währungssystems zu gewährleisten. Dafür stellen die 130 Mitgliedsstaaten Überbrückungskredite bereit, wenn ein Land in Zahlungsschwierigkeiten gerät.

KGV Abkürzung für Kurs-Gewinn-Verhältnis. Das klassische Berechnungsmodell für die Bewertung von Aktien oder Aktienmärkten. Das KGV berechnen Sie, indem Sie den Aktienkurs durch den ausgewiesenen oder zu erwartenden Gewinn pro Aktie dividieren. Es gibt verschiedene Darstellungsformen des KGV, die vom beobachteten Zeithorizont abhängen (vergangene zwölf Monate, aktuell und nächstes Geschäftsjahr). Das wichtigste KGV ist das künftige KGV für das kommende Geschäftsjahr, denn an der Börse wird immer die Zukunft antizipiert. Das KGV zeigt an, mit dem Vielfachen des Gewinns eine Aktie beim aktuellen Kurs bewertet wird. Dabei gilt natürlich: Je kleiner das KGV, desto günstiger ist der Wert, wenn die Gewinne langfristig steigen. Unternehmen, die noch keine Gewinne erwirtschaften, besitzen kein KGV. Für solche Firmen, die primär aus dem Hightech-Sektor kommen, wird das KUV als Bewertungsgröße eingesetzt.

Kontraindikator Ein Kontraindikator ist eine Bemessungsgröße, deren Extremwert Ihnen zeigt, dass Sie nun genau das Gegenteil (deshalb Kontra) tun sollen. Ein Beispiel: Wenn der bekannte Kontraindikator der Börsenstimmung anzeigt, dass über 90 % der Anleger bullish sind, dann müssen Sie nicht kaufen, sondern genau das Gegenteil tun und verkaufen.

KUV Abkürzung für Kurs-Umsatz-Verhältnis. Das KUV ist eine Kennziffer zur Bewertung von Aktiengesellschaften. Dabei wird die Marktkapitalisierung ins Verhältnis zum Umsatz gesetzt. Ein Wert von 1 heißt also, dass die aktuelle Marktkapitalisierung dem Jahresumsatz entspricht. Das ist sehr günstig. Daher gilt die Regel: Je näher das KUV an 1 oder sogar darunter ist, desto günstiger ist ein Unternehmen an der Börse bewertet. Dieser Wert wird dann mit dem KUV der Konkurrenten verglichen.

Market Ein Zusatz für eine Kauf- oder Verkaufsorder. »Market« bedeutet, dass Sie die Aktie zum nächsten gestellten Kurs kaufen oder verkaufen, egal wie hoch oder tief dieser Kurs sein wird. Das Gegenteil von »Market« ist eine »Limit-Order«, bei der Sie den Kauf oder Verkauf mit einem Kurslimit versehen, zu dem Sie breit sind, die Aktie zu kaufen oder zu verkaufen.

Nasdaq Abkürzung für »National Association of Securities Dealer's Automated Quotation System«. Die Nasdaq ist eine voll automatisierte elektronische Börse und besitzt keinen Parketthandel. Sie ist vor allem bekannt für die zahlreichen gelisteten Hightech-Aktien. Deshalb wird sie häufig auch als Hightech-Börse bezeichnet.

NYSE Abkürzung für »New York Stock Exchange«. Dies ist die große Börse an der Wall Street, die Sie bei Schaltungen nach New York in TV-Berichterstattungen sehen.

Order Engl. Ausdruck für einen Börsenauftrag. Eine »Kauf-Order für Lukoil« ist also der Auftrag zum Kauf von Lukoil-Aktien.

OTC Abkürzung für »Over-the-Counter«. Der OTC ist der amerikanische Freiverkehrsmarkt und ein hochspekulatives Marktsegment. Denn die dort gelisteten Firmen unterliegen nicht den strengen Börsenregularien der SEC.

(p) Abkürzung für »Prognose« bzw »prognostiziert«.

Peer Group Engl. Fachausdruck für »Vergleichsgruppe«, also ein spezieller Wirtschaftssektor, in dem das jeweilige Unternehmen tätig ist. Beispiel: Für die deutsche Infineon ist die Peer Group der Chipsektor.

Penny Stocks Engl. Ausdruck für Aktien, die unter 1 USD bzw. 1 Euro notieren.

SEC Securities Exchange Commission. Die amerikanische Börsenaufsichtsbehörde.

Tenbagger Engl. Ausdruck unter Brokern für eine Aktie mit einem Kurspotenzial von 1.000 % oder für Aktien, die eine solche Performance in der Vergangenheit vollbracht haben.

USD Abkürzung für »US-Dollar«.

Value-Werte Fachausdruck für Aktien von Unternehmen, die einen hohen Substanzwert haben (z. B. große Cash-Reserven, Immobilien und Firmenwerte). Dieser Substanzwert verleiht den Value-Werten einen gewissen inneren Wert, der die Aktie vor den großen Kursschwankungen der Hightech-Werte bewahrt.

11 Literatur

Bonner, Bill; Wiggin, Addison: »Tage der Abrechnung«, München 2005

Börse Online: »Die Giganten von morgen«, München 2004

Davis, Ned: »Antizyklische Investmentstrategien«, München 2005

Faber, Marc: »Zukunftsmarkt Asien«, München 2004

Goldman Sachs: »Dreaming With BRICs: The Path to 2050«, New York 2003

Hahn, Rainer; Lambrou, Andreas: »Investieren in Asien«, München 2005

Metz, Dennis: »Devisenhandel«, München 2004

Murphy, John J.: »Neue Intermarket-Analyse«, München 2005

Michler, Volkmar; Thoms, Gerhard: »Taipan's Wegweiser zur Geldanlage in Aktien«, Bonn 2001

Profit-Radar: »Indischer Mobilfunkmarkt mit Rekordzahlen«, Bonn 2005

Rethfeld, Robert; Singer, Klaus: »Weltsichten – Weitsichten«, München 2004

Röhl, Christian; Heussinger, W. H.: »Generation Zertifikate«, München 2004

Süss, Oliver: »Das Jahrhundert der Emerging Markets«, München 2004

Taipan: »Sonderausgabe: Indonesien und Thailand«, Bonn 2005

Wirtschaftswoche: »Die Koreaner kommen«, Düsseldorf 2004

12 Der Autor

Daniel Wilhelmi ist Jahrgang 1972 (ein hervorragender Jahrgang, wie er selbst meint). In Bonn geboren, absolvierte er sein Studium in den USA an der University of Georgia und der Arizona State University. Heute lebt er sowohl in Deutschland als auch in den USA. Daniel Wilhelmi ist langjähriger Börsenjournalist und schreibt für verschiedene Börsendienste.

Seine Spezialgebiete sind die Emerging Markets und der US-Hightech-Sektor. Für diese Märkte ist Wilhelmi Experte für Trading-Strategien im kurz- und mittelfristigen Anlagebereich.

Herr Wilhelmi ist stellvertretender Chefredakteur des Börsendienstes »Taipan«, einer Publikation für Emerging-Markets- und US-High-Tech-Aktien, sowie stellvertretender Chefredakteur des Börsendienstes »Wall-Street-Radar«, einer Publikation für das Trading amerikanischer und deutscher High-Tech-Aktien. Zudem ist er Chefredakteur des börsentäglichen Newsletters »Profit-Radar«.